Christian Gotthilf Salzmann

Carl von Carlsberg oder über das menschliche Elend

Christian Gotthilf Salzmann

Carl von Carlsberg oder über das menschliche Elend

ISBN/EAN: 9783743499676

Hergestellt in Europa, USA, Kanada, Australien, Japan

Cover: Foto ©ninafisch / pixelio.de

Weitere Bücher finden Sie auf **www.hansebooks.com**

Carl von Carlsberg
oder über das
menschliche Elend,

von

Christian Gotthilf Salzmann.

Sechster Theil,
nebst einem Register.

Mit allerhöchst gnädigst Kayserl. Privilegio.

Carlsruhe,
bey Christian Gottlieb Schmieder.
1788.

Erster Brief.
Der Herausgeber an die Leser.

Mit diesem sechsten Theile wird das Buch vom menschlichen Elende geschlossen — nicht deswegen, weil diese Materie erschöpfet wäre; denn es bedarf nur ein wenig Welt= und Menschenkenntniß, um sich zu überzeugen, daß ich von den zahllosen Leiden, unter denen die, durch Unwissenheit, Vorurtheil und Bosheit, gepeinigte Menschheit seufzet, gar einen kleinen Theil berühret habe. Zweifelst du daran, mein Leser, so lege die Hand auf das Herz, und frage dich, ob du in meinem Buche jede Art von Trübsal gefunden hast, die du itzo erfährst, oder vor einigen Jahren erfahren hast!

Allein die Sphäre, die ich übersehen kann, ist eingeschränkt, und was jenseit derselben liegt, kenne ich nur aus Beschreibungen, folglich nicht zuverläßig, nicht vollkommen genug. Ich habe mich daher nur auf Schilderungen solcher Arten von Elend eingeschränkt, die ich entweder selbst gesehen habe, oder die mir von sehr zuverläßigen Menschen sind beschrieben worden. Eben deswegen werden Scharfsichtige leicht bemerken, daß meiner Darstellung des menschlichen Elends die nöthige Proportion mangele, und daß ich einige Arten sehr lebhaft und ausführlich, andere flüchtig, und die mehresten gar nicht geschildert habe. Dieser Fehler scheint mir um desto verzeihlicher, da ich vermuthe, daß ihn fast jeder andere würde begangen haben, der, an meiner Statt, dieß Buch hätte schreiben wollen. Ich bin Lehrer der Religion, Erzieher, Nachbar und Freund von verschiednen Gattungen von Menschen, und habe also meinen mir übersehbaren Kreis, aus dem ich meine Bilder abstrahirte. Ein Jurist, Officier, Seefahrer u. d. gl. würde eine Menge Schilderungen geliefert haben, die mir unbekannt, wenigstens nicht vollständig genug bekannt sind. Ich vermuthe aber, man würde bey ihm wieder die mehresten Darstellungen des Elends vermissen, die man in meinem Buche findet.

Dem=

Demohnerachtet hätte ich noch leicht einige
Bände über diese Materie liefern können. Allein ich weis nicht wie lange meine Munterkeit
dauert, und muß doch noch verschiednes anders
schreiben, wenn ich den Plan beendigen will,
den ich mir gezeichnet habe.

Mein Buch ist oft getadelt worden, welches
ich voraus gesehen und mich darauf gefaßt gemacht habe. Bey der unabänderlichen Ver-
schiedenheit der menschlichen Meynungen kann
es nicht anders seyn, als daß ein Schriftsteller,
der nicht in den Ton seiner Zeitgenossen einstimmt,
sondern alles so beschreibt, wie er es empfindet,
sehr vielen mißfallen muß. Vielleicht ist eben
dieß Mißfallen ein Beweis, daß er mit seinen
eignen Augen gesehen habe. Wer ein Land
nach Büchern beschreibt, die einmal bey dem
Publicum in Ansehen stehen, kann gegen Widerspruch ziemlich sicher seyn. Nicht so ein anderer, der das Land selbst bereist, und von demselben eine Menge Dinge erzählt, davon in jenen Büchern entweder gar nichts, oder vielleicht,
welches noch erschrecklicher ist, gar das Gegentheil steht, und wohl ein halbes Jahrhundert
gestanden hat.

Ueberdiß habe ich mir nie in den Sinn kommen lassen, daß Carlsberg ein clasüsches Buch, ein Buch werden sollte, dessen Styl Muster für meine Zeitgenossen wäre, sondern blos ein solches, das bestimmt ist wichtigen Bedürfnissen unserer Zeiten abzuhelfen. Bey Verfertigung desselben mußten also manche Nachläßigkeiten einschleichen, die, wenn man sie nicht aus dem rechten Gesichtspunkte betrachtet, Tadel verdienen. Der Mann, der in der Geschwindigkeit sich in die Kleider wirft, um seine Nachbarn zur Löschung einer ausgebrochnen Feuersbrunst, oder zur Hemmung einer eingetretnen Ueberschwemmung zu ermuntern, oder seinen, mit dem Tode ringenden, Brüdern zu Hülfe eilt, beobachtet nie die Etiquette so genau, als ein anderer, der Zeit genug hat sich vorzubereiten, um in einer öffentlichen Versammlung zu glänzen. Ihr könnt ihm vielleicht manche Nachläßigkeiten in Ansehung seiner Kleidung zeigen — er wird es nicht läugnen, aber — er wird sagen — ich will retten, ich kann mich um solche Kleinigkeiten itzo nicht bekümmern.

Wenn mein Buch stark ist gelesen worden,
wenn

wenn es den größern Theil der Leser erschüttert, sie von der Größe des menschlichen Elends überzeugt und ihnen Eifer eingeflößet hat, zur Minderung und künftigen Tilgung desselben die Hand zu bieten; so hat es die Absicht erreicht, in der es geschrieben wurde.

Daß dieses geschehen, und der immer weiter um sich greifende Eifer, das Wohl der Menschheit zu befördern, durch dieses Buch genähret werden möge, ist mein herzlicher Wunsch, den derjenige erfüllen wird, der jeder redlichen, wohlgemeynten Handlung seinen Beystand und Segen versprochen hat.

Der Herausgeber.

Zweyter Brief.
Caroline Menzerin an die Hofräthin Namur.

Kolchis, d. 4ten Merz.

Liebste Schwester!

Hat dir die Zeit etwas lange gewährt, bis du die Fortsetzung meines Briefs bekommen hast? Ich müßte mich und dich nicht kennen, wenn ich nicht vermuthen sollte, daß du meinen gegenwärtigen Brief mit etwas mehrerer Ungeduld,

als

als gewöhnlich, erwartet habest. Dafür will ich dich nun schadlos halten, und dir den Ausgang unsers theologischen Streits, und noch etwas mehr, als du erwartest, erzählen.

Die Herren Amtsbrüder waren durch die starke Sprache, die meine Prinzessin führte, so in die Enge getrieben worden, daß sie sie nicht länger auszuhalten vermochten, sondern ganz beschämt abzogen.

Vor der Thür murmelten sie noch einige Zeit, dann gab die Trommel das Zeichen zum Aufbruche, sie bestiegen ihren Wagen, und begleiteten die gefangnen Sclaven. Der Auszug war der kläglichste Auftritt, den ich je gesehen habe. Das Jammergeschrey der Mütter, Väter, Männer, Weiber, Kinder, begann von neuem und erfüllte die Luft. Wir Frauenzimmer weinten mit. Ich glaube dein Mann selbst würde sich der Thränen, bey so heftigen Ausbrüchen der leidenden, gequälten Menschheit, nicht haben enthalten können. Sind wir in Deutschland? frug meine Prinzessin heftig. Ich glaube wir sind in Marocco, sagte Henriette, und die Diakonusin

Konusin schrie, wenn es in Deutschland so zugeht — warum schelten wir denn so auf die Türken?

Doch nun erfolgte ein Auftritt, der auf einmal unsere Thränen abtrocknete, und unser Weinen in — sprachloses Entsetzen verwandelte. Ein Soldat wollte entwischen, that einen Satz nach dem geöffneten Posthause zu, sogleich druckte ein Jäger seine Büchse los, der Unglückliche stürzte, und noch einige Jäger sprangen herzu, und hieben so lange auf den Schädel, bis er kein Zeichen des Lebens mehr von sich gab.

Erstarret stunden wir alle da — keine Thräne entquoll uns mehr, kein Laut wurde gehört — endlich seufzte meine Prinzessin: Caroline! Postpferde! geschwind — aufbrechen.

Nach einigem Erholen, sagte sie, nun sage mir niemand mehr, daß die Beschreibungen, die ich bisher vom menschlichen Elende gelesen habe, überspannt wären! Itzo hab ich es gesehen das menschliche Elend! die Männer von den Weibern — die Väter von den Kindern gerissen — nicht ums Vaterlands willen! einen Unschuldigen öffentlich ermordet — und niemand rächet ihn!

Ich

Ich bestellte unterdessen die Pferde und nahm, da dies geschehen war, von unserer Henriette und der Diakonusin den herzlichsten Abschied.

Der Postillion blies in das Horn, und wir fiengen an die Kleinigkeiten zusammen zu räumen, die wir auf den Tisch gelegt hatten. Henriette sahe sich noch einmal um, ob etwas zurückgeblieben wäre? und bemerkte auf dem Tische, an dem die Herren Amtsbrüder gesessen hatten, einige Papiere, gab sie der Prinzessin, und fragte, ob sie ihr gehöreten?

Die Prinzessin sahe sie an, und sagte, daß sie sie zu sich nehmen wolle. Es waren Briefe, die der Protestant an den Katholicken geschrieben hatte. Ich lege sie dir bey, und habe meine Anmerkungen dazu gesetzt.

Wir waren schon im Begriff in unsern Wagen zu steigen, als Henriette wieder zur Prinzessin lief und sagte: Ihro Durchlaucht der Mensch im Nebenzimmer!

Der Mensch im Nebenzimmer? Caroline folge mir.

So sagte sie, lief nach dem Posthause zurück, wir folgten ihr und kehrten uns nicht an das Fluchen der Postknechte. Ich

Ich sprang zuerst nach dem Zimmer, das wir verlassen hatten, öffnete die Thür, durch welche der Unglückliche entsprungen war. Er fiel vor mir auf die Knie, und konnte nichts sagen, als — Gnade! Gnade!

Aufgestanden! rief die Prinzessin, ihr habt Gnade!

Er stund sprachlos auf.

Aber was fange ich mit dem Unglücklichen an? fragte sie, indem sie sich nach uns zukehrte. Und meine arme Frau, sagte der Entsprungene, und zwey kleine Kinder, die vergessen Sie doch ja nicht gnädige Frau!

Die Prinzessin gieng einigemal die Stube auf und ab, dann sagte sie heftig: was bedenken wir uns denn lange? wir sind ja in Carlsberg! Carlsberg ist doch ein Mann, auf den man sich verlassen kann, der gern den Elenden hilft. Ists nicht wahr Henriette?

Henriette war über diese unvermuthete Frage so verlegen, und außer der Fassung, daß sie sagte: Wie Sie befehlen Ihro Durchlaucht!

Wohl mir, antwortete die Prinzessin, wenn ich durch meinen Befehl die Leute rechtschaffen machen könnte! Ich

Ich bürge für ihn, war meine Antwort, er ist ein braver Mann!

Henriette wendete sich um, und verbarg ihre Augen unter das Schnupftuch.

Sogleich setzte sich die Prinzeſſin, ſchrieb einen Brief an Carlsbergen, und einige Zeilen an ſeinen Verwalter, gab beyde Briefe dem Bedienten, ließ ihn den Unglücklichen, nebſt ſeiner Frau und Kindern, nach dem Carlsbergiſchen Gute bringen, und die Briefe abgeben. Sobald der Bediente mit der Nachricht zurückkam, daß die bedrängte Familie gut wäre aufgenommen worden: fuhren wir ab.

Auf dem Wagen hielt die Prinzeſſin mit mir eine ſehr lebhafte Unterredung, über die himmelſchreyende Ungerechtigkeit, welche ſich manche Fürſten gegen unſchuldige, fleißige, verträgliche Unterthanen, blos deswegen erlaubten, weil dieſe ihre beſondere Meynung hätten.

Etwas davon will ich dir doch auszeichnen, damit du dir einen Begrief von der aufgeklärten, edeln Denkungsart meiner Prinzeſſin machen könneſt.

Ich. Und man rühmt doch in unſern Zeiten an unſern Fürſten ſo ſehr die Toleranz.

Pr.

Pr. Schweig von deiner Toleranz! Dieß Wort ist mir unausstehlich.

Ich. Ihnen? und Sie sind so sehr tolerant!

Pr. Ich wollte, du könntest etwas wichtigers von mir rühmen. Dieß Lob wird mich nie stolz machen. Wenn du mich wegen der Toleranz lobst, so ist es mir so lächerlich, als wenn du mich deswegen loben wolltest, daß ich keine Mörderin bin.

Ich. Verzeihen Sie mir, Durchlauchtigste Prinzessin, ich begreife nicht, wie dieß zusammenhänge.

Pr. Du sollst es sogleich begreifen. Daß ich nicht morde, das ist doch wohl meine Schuldigkeit? und wenn ich diese thue, verdiene ich deswegen wohl ein besonderes Lob? wenn mein Beichtvater in meine Leichenpredigt zu meinem Lobe auch diese Worte mit einfliessen ließ: Sie war das Muster der Gottheit, ruhig lebte der Unterthan unter ihrem Zepter, nie vergoß sie das Blut eines Unschuldigen, würde mir dieß viel Ruhm bringen?

Ich. Bis hieher muß ich Ihnen vollkommen beypflichten. Aber —

Pr. Geduld! Was ist denn Toleranz? Duldung? gut! und worauf soll sich diese Duldung erstrecken? auf Laster? so ist der Fürst gewissenlos, der das Laster duldet. Denn jedes wirkliche Laster stört die öffentliche Ruhe, diese zu erhalten ist des Fürsten Pflicht. Soll sich aber die Duldung auf Meynungen erstrecken, so begreife ich gar nicht, warum sie uns so groß Lob bringen soll? Diese Art von Duldung ist ja wieder unsre Schuldigkeit, die wir nicht verlezen können, ohne uns selbst vor dem ganzen Publikum zu schänden.

Der Fürst muß über die Sicherheit seiner Unterthanen wachen, und jeden strafen, der dieselbe stört. Dafür erhält er von ihnen Abgaben. Wenn nun aber Unterthanen diese Abgaben ordentlich entrichten, stöhren die Ruhe ihrer Mitunterthanen nicht, haben aber dabey ihre besondern Meynungen, ists nicht seine Schuldigkeit, sie dabey zu schützen? Wäre er nicht selbst ein Stöhrer der öffentlichen Ruhe, wenn er gehorsame, fleißige, friedfertige Unterthanen, die ihre Abgaben ordentlich entrichten, deswegen verfolgen und ihren Weibern und Kin-

bern

dern entreißen wollte, weil sie ihre besondere Mey- nungen haben.

Ich. So scheint es uns.

Pr. Wenn nun ein Fürst die öffentliche Ruhe nicht stöhrt, ist das etwa so großer Ruhm? Ists größerer Ruhm, als dieser, daß er Unschuldige nicht verfolget und getödtet habe? Beste Caroline! es gehört etwas mehr dazu, verdientes Lob, als Fürst, zu erhalten, als die so hochgepriesene Toleranz, die jeder Pachter, jeder Corporal ausübt, wenn er den Knecht, Taglöhner und Soldaten gut behandelt, der seine Schuldigkeit thut, ohne auf seine Religion Rücksicht zu nehmen. Mein Vater ist, wie du weißt, höchst tolerant. Nie rechnet er sich aber dieses zum Ruhme an. Dann scheint er aber sich zu fühlen, wann er an die Chaussee, die er durch sein Land hat anlegen lassen, an das Schulmeisterseminarium, das er stiftete, und andere dergleichen Anstalten, die durch ihn zu Stande kommen, erinnert wird.

Ich. Das macht unserm würdigen Fürsten Ehre. Aber wenn Ihro Durchlaucht bedenken, daß der westphälische Friede —

Pr. O geh mir mit deinem westphälischen Frieden!

Ich. Ihro Durchlaucht!

Pr. Du verstehst mich nicht. Der westphälische Friede hat den Protestanten die Religionsfreyheit verschaft. In dieser Rücksicht ist er mir sehr lieb. Aber wenn man daraus beweisen will, daß sonst niemand, als Katholiken, Lutheraner und Reformirte, im römischen Reiche geduldet werden dürften, so ist es mir ärgerlich. Vor 250 Jahren war dieses verzeihlich. Aber itzo — itzo da man wieder 250 Jahre länger nachgedacht hat, ist es Thorheit zu glauben, daß sonst niemand geduldet werden dürfe, als wer entweder Hildebrands, oder Luthers, oder Calvins Meynungen annähme. Sie waren ja Menschen wie ich und du — es könnte ja seyn, daß wir nach 250 Jahren einsähen, daß sie sich alle geirret hätten. Und nun sollte niemand in Deutschland geduldet werden, als wer ihre Meynungen annähme? Cartesius, Wolf, Leibniz waren zu ihrer Zeit große Leute, die von ihren Anhängern beynahe vergöttert wurden; welcher vernünftige Mensch wird aber wohl verlangen, daß man nothwendig den Meynungen eines dieser dreyen beypflichten müsse.

Fort=

Fortsetzung.

Vielleicht würde dieß Gespräch länger gedauert haben, wenn es nicht durch einen unvermutheten Zufall auf ganz andere Dinge wäre geleitet worden.

Unser Postillon hielt stille, und da ich ihn fragte, warum er dieß thäte? gab er zur Antwort, er habe sich verirret.

Die Prinzessin wurde etwas heftig und fragte, wie es möglich sey, daß sich ein Postillon verirren könne? Er entschuldigte sich aber damit, daß er hier fremd sey, und erst seit acht Tagen die Carlsberger Post fahre.

Geduld war hier das beste Rettungsmittel. Meine Prinzessin mäßigte also ihren Unwillen, und befahl einem ihrer Bedienten, sich nach einem Menschen umzusehen, der den rechten Weg zeigte.

Da er im Begriffe war abzusteigen, geschahe in der Nähe ein Schuß. Der Bediente arbeitete sich also durch das Gebüsch nach der Gegend zu, von der der Schall kam, und kehrte bald mit einem Jäger zurück, der den Schuß gethan hatte, und der sehr willig war, uns auf den rechten Weg zu bringen.

Was hat er hier geschossen, mein Freund? fragte die Prinzessin.

Jäg. Einen Mäusefalken, liebe Madame! Das arme Thier dauert mich in der Seele.

Pr. Wenn es ihn dauert, warum schoß er es denn tod?

Jäg. Ich muß ja wohl, wenn ich leben will. Für die Fänge bekomme ich zwey Groschen, und das ist ein Stück meiner Besoldung.

Pr. Gut! die kann er ja mit gutem Gewissen nehmen, denn der Falke stößt doch Tauben, Rebhüner u. d. gl. und man thut also wohl, wenn man ihn tod schießt.

Jäg. Ich glaube, wenn wir den Wind tod schießen könnten, wir müßten es auch thun.

Pr. Sonderbarer Mensch! wie reimt sich der Wind und der Falke zusammen?

Jäg. Sehr gut liebe Madame! sie thun beyde Schaden. Der Falke stößt Tauben und Rebhüner, und der Wind wirft Bäume um. Eine dreyspännige Tanne ist mehr werth, als funfzig Tauben.

Pr. Recht gut, aber den Wind können wir doch nicht entbehren, und es wäre also Thorheit ihn zu erschießen, wenn wir es auch könnten.

Jäg.

J. Vielleicht können wir den Falken fast eben so wenig entbehren.

Pr. Den Falken? ich möchte doch wissen, wozu dieser nütze.

J. Dazu liebe Madame, daß er die Mäuse und Maulwürfe wegfängt.

Pr. Also hält er es vor Unrecht einen Falken zu schiessen?

J. Behüte Gott! wenn gar kein Raubvogel geschossen werden sollte; so würden sie sich bald so sehr vermehren, daß kein kleiner Vogel mehr aufkommen könnte. Das kann ich nur nicht leiden, daß gerade zu alle Raubvögel, die sich sehen lassen, sollen niedergeplatzt werden.

Pr. Wie viele Falken schießt er wohl jährlich?

J. Irgend sechs bis acht.

Pr. Das wäre eine Einnahme von zwölf bis sechzehn Groschen. Wahrhaftig eine kümmerliche Besoldung!

J. Ja nach unserer Instruction schiessen wir alles tod, was lebt, und nicht gegessen werden kann. Die Pferde, Esel und Menschen ausgenommen, so lange es nicht Krieg ist.

Pr. Zum Exempel, was schießt er denn tod?

J. Guckgucke.

Pr. Das sind doch wohl Raubvögel!

J. Guten Morgen! da müßte das Rothkehlchen auch ein Raubvogel seyn. Es raubt ja auch, Mücken und Würmer, und gerade das frißt auch der Guckguck.

Pr. Was muß er sonst noch schießen?

J. Eulen, Uhus! Ists nicht wahr, die halten Sie auch für Raubvögel?

Pr. Das glaubt man durchgängig.

J. Freylich glaubt man das, es ist aber nicht wahr, bedenken Sie selbst, die Eulen und der Uhu haben nun eine solche Natur, daß sie nur bey Nacht fliegen. Die Thiere, die des Nachts sich verbergen, können also gewiß vor ihnen schlafen. Aber was wacht, die Maulwürfe, Mäuse, Ratten und Fledermäuse, das wird von ihnen verfolgt. Ist das nicht gut, daß der liebe Gott Thiere geschaffen hat, die andere fressen, die den Menschen Schaden thun? und ists nicht Unrecht, wenn man sie ohne Ursache tod schießt?

Pr. Wenn es so ist, so scheint es mir freilich nicht recht zu seyn.

J. So ist es aber! Und wie viele andere
Vögel

Vögel müssen wir tödten, die keinem Menschen etwas zu Leide thun. Kibitze, Spechte, alles muß massacrirt werden.

Pr. Nun die Spechte wird er doch nicht vertheidigen wollen. Die hacken ja Löcher in die Bäume.

J. Liebe Madame! einen gesunden Baum hackt kein Specht an. Wenn aber ein Baum Würmer hat, da pickt der Specht ein, und holt die Würmer heraus. Freilich muß er dann Löcher machen. Ist denn das aber Unrecht? Wenn dies wäre, so müßte auch der Barbirer gestraft werden, der den Leuten Löcher macht, um den Eiter, der unter der Haut sitzt, auszudrucken. Und weil wir einmal von der Sache reden; so muß ichs Ihnen grade zu sagen, daß ich glaube, es gebe eben sowohl ein Thierrecht als ein Völkerrecht.

Pr. Das könnte er ja schreiben, es würde viel Aufsehens machen.

J. Das würde es auch machen. Und wenn ich mich so recht ausdrücken könnte; so würde ich es wirklich schreiben, und würde hineinsetzen, daß der Mensch sich beynahe eben so schade, wenn er das Thierrecht, als wenn er das Völkerrecht verletzt.

Pr. Wie wollte er das wohl beweisen?

J. Wenn ich nur ein Gelehrter wäre! Ich weiß es wohl, ich kann mich aber nicht so recht ausdrücken. Ich will es halt versuchen. Der Mensch ist, wie mir es scheint, ein Herr der Thiere. Die Bibel spricht ja: alles hat er unter seine Füße gethan. Und er ist mehr Herr über die Thiere, als der König über seine Unterthanen. Der Mensch kann ja unschuldige Thiere tod machen, wenn es ihm Nutzen bringt. Er kann den Tauben die Jungen nehmen und sie tödten, der König darf aber den Eltern die Kinder nicht nehmen und sie tod schlagen. Verstehen Sie mich wohl?

Pr. Recht gut. Ich weiß aber gar nicht, was er damit sagen will.

J. Itzo wird es gleich kommen. Ob gleich der Mensch die Erlaubniß hat, die Thiere zu tödten; so muß doch das Morden seine Grenzen, sein Ziel und wie es so heißt, haben. Und wenn er in das Gelag hinein mordet; so thut er sich beynahe so großen Schaden, als ein König, der seine Bauern und Fabrikanten tod schießen wollte.

Pr. Recht gut. Wenn er nun aber ein Thierrecht schreiben wollte, was für Gesetze würde er dann geben? J. Ich

J. Ich bin kein Freund von vielen Gesetzen und muß immer lachen, wenn Gesetzbücher geschrieben werden, die so groß sind, daß man sie kaum fortbringen kann. Wenn ich Gesetze zum Besten der Thiere geben sollte; so würde ich nur drey herausbringen können.

Pr. Und die hiesen?

J. Erstlich: Wenn dir das Leben eines Thieres schadet, oder sein Tod nutzet, so tödte es.

Zweytens: Wenn keins von beyden ist; so laße es leben!

Drittens: quäle kein Thier!

Pr. Er scheint mir ein sehr vernünftiger Mann zu seyn. Diese Gesetze wollte ich gleich unterschreiben.

J. Ergebner Diener! das ist viel Ehre für mich.

Pr. Ich glaube aber doch, daß durch diese Gesetze sehr wenigen Thieren das Leben würde gerettet werden. Die mehresten, die er mir hier genennet hat, thun doch wenigstens einigen Schaden.

J. Das wohl! aber sie bringen auch desto mehr Nutzen. Ich will einmal ein Gleichniß geben! Sehn Sie ich bin ein Jäger, und muß

muß, für meinen gnädigsten Fürsten, Haasen, Rebhühner, Hirsche, Rehböcke u. d. gl. schießen.
Dafür habe ich auch die Erlaubniß, daß ich etliche Haasen und ein Paar Stücke roth Wild für
mich schießen darf. Ist das wohl Unrecht?

Pr. Gar nicht! Ich weis aber nicht, was
er damit haben will!

J. Ich will es Ihnen gleich sagen. Es kömmt
mir so vor, als wenn viele Vögel unsers Herre
Gotts Jäger wären, die er gerade deswegen in die
Welt gesetzt hätte, daß sie auf Mäuse, Ratten,
Maulwürfe, Frösche, Schlangen, Raupen, Mücken,
u. d. gl. Jagd machen sollten. Wenn sie auch bisweilen Tauben, Rebhühner, Kirschen, Weizen u.
d. gl. dem Menschen wegfressen, oder einen Baum
zerhacken; so denk ich: mag es doch! es ist ein
Stück ihrer Besoldung, die ihnen der liebe Gott
angewiesen hat. Die Menschen müssen ja so viele
besolden, die ihnen gar nichts nützen, warum nicht
auch die, die ihnen Nutzen schaffen?

Ich habe dort oben an dem Berge ein Stückchen
Land, davon ich jährlich drey Michelshühner zinsen
muß. Und wenn Sie mich fragten, wofür giebst du
sie denn? so weis ich nicht, was ich darauf antworten

worten soll. Der Herr, der sie bekommt, verzehrt sie, und läßt übrigens den lieben Gott einen guten Mann seyn. Ob auf meinem Acker etwas wächst oder nicht, darum bekümmert er sich nicht. Ich bringe ihm aber doch alle Jahr seine Michelshühner, wie es sich gehört und gebührt. Warum sollte ich denn nicht auch bisweilen dem Falken ein Huhn oder eine Taube gönnen, der mein Land von Mäusen und Maulwürfen reinigt? Warum sollte ich denn dem Sperlinge nicht erlauben von meinem Weitzen etwas zu genießen, da er das ganze Jahr die Raupen, Schmetterlinge und Käfer fängt?

Pr. Aber wenn die Jäger sich vermehrten so besorge ich, sie würden für sich so viel Wild schießen, daß am Ende nichts für den Landesherrn übrig bliebe.

J. Ganz Recht! und da würde wohl der Landesherr so gut seyn, und die übrigen Jäger abdanken. Und der Mensch behält immer das Recht die Thiere, die sich zu seinem Schaden zu stark vermehren, auszurotten. Wenn er aber alle Thiere, die ihm nutzen, deswegen ausrottet, weil sie für ihre Bemühung eine kleine Besoldung verlangen, so kommt es mir gerade so vor, als wenn

wenn ein Landesherr alle seine Jäger abdanken wollte, um die Besoldung zu ersparen. Da würde er wohl, mit seinen Regierungsräthen, selbst die Flinte nehmen, und auf die Jagd gehen müssen. Ha! ha! ha!

Pr. Ich muß ihm sagen, daß mir sein Gespräch viele Freude macht. Vermuthlich hat er viel gelesen.

J. Das ich nicht wüßte! Aber ich habe einen Herrn Pathen, der ist Pfarrer in Liebenwalde, in dem Dorfe, das gerade da unten an dem kleinen Flüßchen liegt, der hat mit mir oft über solche Sachen discurirt. Hernach habe ich auch bisweilen meine Speculationen für mich gehabt, wann ich auf dem Anstande war, den Himmel voll Sterne sahe, und dachte, daß der Herr, der dieß alles gemacht hat, alle Thiere unter meine Füße gethan habe.

Wenn Sie es nicht übel nehmen; so will ich doch weiter reden. Wenn wir den Wind tod schießen könnten, bey meiner Ehre, es stünde mit in unsrer Instruction, daß wir auf ihn Jagd machen sollten. Und wenn wir nun wirklich so glücklich wären, ihn mausetod zu schießen, und den Nord und Sud, Ost und Westwind eben so auszurotten, wie wir leider Gottes die Spechte und andere nützliche Vögel beynahe ausgerottet haben — Was würde nun daraus folgen? Die großen Herren müßten, so wahr ich vor Ihnen stehe, einen Wind erkünsteln, und große Blasebälge anlegen lassen, die die Luft reinigten, und die Wolken zusammentrieben. Und hunderttausend Blasebälge würden doch nicht so viel ausrichten, als der Wind, wenn er nur aus einem Ende bläßt. Da würde bald der Regen mangeln, bald anstekende Krankheiten graßiren; da würde über das menschliche Elend geklagt, da würden Bußpredigten gehalten, und Prämien für die ausgesetzt werden, die den mehresten Wind machen könnten. Ha! ha! ha!

Pr. Das wäre freylich lächerlich. Der Wind kann aber nicht tod geschossen werden, und es wird auch niemanden einfallen, ihn tod schießen zu lassen.

Jäg. Es ist halt nur so ein einfältiges Gleichniß. Ich denke immer, so wie der Wind seine Pflichten hat, und des lieben Gottes Diener ist, so ist es auch bey den Vögeln. Wenn man sie gerade zu, ohne Ursache tod schießt, so entsteht lauter Noth. Die Maulwürfe, Mäuse,

Heu=

Heuschrecken, Raupen, Mücken, u. d. gl. nehmen überhand, und der Mensch, der etwas nützlichers thun könnte, muß nun Maulwürfe u. d. gl. fangen. Mit alle dem richtet er nicht so viel aus, als die Vögel würden gethan haben, die er ohne Grund und Ursache massacrirte. Das Ungeziefer nimmt überhand. Da werden nun Buspredigten gehalten, Buslieder gesungen, und der liebe Gott um Abwendung der wohlverdienten Strafe angerufen. Ja wohl ists eine wohlverdiente Strafe, die die Menschen mit ihrer Unwissenheit verdient haben. Der liebe Gott wird es aber wohl bleiben lassen, daß er die wohlverdiente Strafe abwende. Ich denke, wenn die Strafe wohlverdient ist, so wäre ja der liebe Gott ungerecht, wenn er sie abwendete.

Da haben wir itzo unsere Noth mit dem Borkenkäfer, der ganze Wälder ruinirt! Hätten wir nicht alle Vögel tod schießen müssen, die auf die Insekten Jagd machen, so würde der Borkenkäfer uns wohl nicht so viel Schaden haben thun können!

Es ist aber gerade so, als wenn der Mensch recht darauf ausgienge, das Elend auf der Erde zu vergrößern, und die Freude zu vermindern.

Was

Was sonst, wie mir mein seliger Vater erzählte, für eine Lust in diesem Wäldchen war! von allen Bäumen sangen Vögel! Christian, sprach er, meine vergnügtesten Stunden, die ich auf der Welt hatte, die habe ich in diesem Wäldchen zugebracht! In keinem Concerte gefiel es mir so wohl, als wenn ich mich unter die Buchen legte, und das Zwitschern, Trillern, Pfeifen und Schlagen der Vögel hörte. Wenn er itzo wieder kommen sollte, der gute Mann! er würde die Gegend gar nicht mehr kennen! Da hören sie keine Nachtigall mehr! Finken selten, höchstens pinkt da und dort eine Meise noch.

Pr. Und wo sind denn alle diese Vögel hin?

Jäg. Alle weggefangen! Bey der Erde weggefangen! Im Frühjahre sobald sich Vögel blicken lassen, und sich paaren wollen, hast du da nicht laufen gesehen! Da läuft Junge und Pursch, und Mann, alles läuft mit Leimruthen, und fängt alles weg.

Pr. Und was thun sie denn mit den armen Vögeln?

Jäg. Da laufen sie mit herum, bieten sie allenthalben aus, die alten versäumen ihre Profession, die Kinder ihre Schule — was sie nicht verkaufen können — dem drucken sie die Köpfe ein.

Pr. O weh! die Köpfe ein?

Jäg. Meiner Seele! allen bey der Erde weg, drucken sie die Köpfe ein.

Pr. Und was thun sie denn damit?

Jäg. Sie verkaufen sie, die Mandel für 8 Pfennige.

Pr. Das ist ja ein Lumpengeld!

Jäg. Ey freylich ein Lumpengeld! und hätten in der Zeit, da sie die 8 Pfennige erwarben, vielleicht 4 Groschen verdienen können, und rauben damit allen Leuten ihre Freude! Lieber Gott! man hat ja Mühe und Arbeit genug in der Welt! Der Mensch will doch auch seine Freude haben! Der liebe Gott scheint ordentlich viele Vögel dazu gemacht zu haben, daß sie den Menschen bey seiner Arbeit aufmuntern, und ihm ihr Liedchen vorsingen sollen. Der Mensch ist aber so albern, daß er diese kleinen Musikanten tod macht, hernach geht er herum, fängt Grillen, setzt sich hin und spielt in der Karte. Ich kann mich nicht so recht ausdrücken, aber es kommt mir so vor, als wenn es ein menschliches Elend wäre, daß der Mensch so albern ist, daß

er

er die Freuden zerstört, die ihm der liebe Gott gemacht hat, und die Geschöpfe tödtet, die seinen Verdruß mindern sollten.

Pr. Thut denn die Obrigkeit diesem Unfuge nicht Einhalt?

Jäg. Was kann die Obrigkeit dabey thun! Sie befiehlt und verbietet, und der Unterthan thut doch was er will. Wenn der Mensch ein Narre ist, so kann ihn die Obrigkeit nicht gescheut machen! Das ist meine einfältige Meynung. Die Kinder sollten bessern Unterricht bekommen, da bleibe ich dabey! Das geschieht aber nicht. Da müssen sie immer lernen: du sollt nicht andere Götter haben neben mir! Damit hats gute Wege! Andere Götter werden sie nicht haben! Wenn sie auch nur gewarnt würden, daß sie des wahren Gottes Werke nicht zerstörten! Leidets doch kein Schulmeister von seinen Jungen, daß sie ihm das Notenbuch zerreißen. —

Nun können Sie nicht fehlen! Schwager fahr nur immer den Weg rechter Hand hinein, da kommst auf die Station! wünsche eine recht glückliche Reise!

Meine Prinzessin wollte seine Gefälligkeit

mit einem Gulden belohnen, er nahm ihn aber
nicht an, und schien darüber unwillig zu werden.

Wie es mir in Kolchis gehe? das sollst du
nächstens erfahren. Mit der aufrichtigsten Gesinnung

Deine

dich herzlich liebende
Schwester
Caroline.

Dritter Brief.

Der Herr Superintendent Luchsenburger
an den Herrn Pater Pancratius.

Erolau, den 6. Jänn.

Liebster Herr Bruder!

Sie haben recht! die Pädagogen sind an allem
Unglück schuld, und ich weis nicht, wo es am
Ende hinaus will, wenn das Ding so fortgeht.
Sie wollen die Kinder vernünftig machen, und
das geht nicht, schlechterdings geht es nicht. Die

Vernunft ist unsere gefährlichste Feindin — und diese begünstigen sie, das ist abscheulich! *) Wer will da noch Prediger seyn, wenn alles vernünfteln, und prüfen und untersuchen will? **) Sonst konnte ich meinen Katechumenis sagen was ich wollte, ißo ist mir schon ein paarmal der Fall arrivirt, daß sie mir Einwendungen gemacht haben. Stellen Sie sich um Gotteswillen vor — Einwendungen von Katechumenis! Wo will das am Ende hinaus! ***)

Gestern habe ich ein schreckliches Aergerniß gehabt, es ist abscheulich! Stellen sie sich vor, da finde ich bey einem Schulkollegen ein Buch, darinnen spottet der Verfasser über die Abbildung des Teufels, der in unsern Schulbüchern steht! du Spötter du! wart es wird dir in die Hände kommen, wenn dich der Teufel in die Krallen bekommt!

---

*) Ist die Vernunft vielleicht das Werk des Teufels? und wenn sie Gottes Werk ist, warum soll man sie denn zernichten? sollen wir uns vielleicht auch die Augen ausstechen lassen?

**) Rollow, Wenzel und tausend andere, die Verstand und ein redliches Herz haben.

***) Dahinaus, daß die Kinder den Wink des Apostels befolgen lernen: **prüfet alles, und das Gute behaltet!**

kommt! Der Teufel ist immer mein Bestes gewesen. Wenn die Kinder nicht mehr zu bändigen waren, da zeigte ich ihnen den Teufel mit seinen Hörnern und Klauen — da waren sie sogleich wie die Mäuschen*). Kurz und gut, wenn die Religion bestehen soll, liebster Herr Bruder, so müssen die Pädagogen nieder! **) dabey bleibt es

*) Schöne Ehre für Sie, Herr Superintendent! Mein Rollow hatte in den Büchern, die er den Kindern in die Hände gab, keine Abbildung des Teufels, und doch folgten sie seinen Winken, und — welches weit mehr ist — ach! sie liebten ihn! umarmten ihn, wenn sie ihn sahen. Haben Sie mit Ihren Teufelsbildern die Kinder wohl je so weit gebracht, daß sie Sie umarmt hätten?

**) Was der Mann wohl sich unter Religion denken muß! Ich habe wenige pädagogische Schriften gelesen, aber alle, die mir in die Hände kamen, suchten doch die Kinder aufzuklären, oder welches, wie mir Rollow sagte, einerley ist, zu erleuchten, lehrten sie Gott vertrauen, sich selbst beherrschen, ihre Kräfte auszubilden, gegen ihren Nebenmenschen redlich zu seyn, und ihm wohlzuthun, wiesen auf Jesum, als den, den Gott verordnet habe, uns den Weg zum Leben zu zeigen. Ist denn das nicht Religion? Lehrt uns die Bibel etwas anders als Erleuchtung, Vertrauen auf Gott, Selbstbeherrschung, Menschenliebe und Folgsamkeit gegen Jesum? Ich weiß doch wirklich nicht, was der Mann haben will

es ein für allemal! Ich bin ewig
.Ihr

treuer Bruder
Luchsenburger.

Vierter Brief.

Der Herr Superintendent Luchsenburger an den Herrn Pater Pancratius.

Crolau, den 9. Jänn.

Auch hierinne stimme ich Ihnen bey, liebster Herr Bruder! Ihre Regel, wenn man den Menschen einmal so weit hat, daß er nur erst etwas Albernes glaubt; so kann man hernach mit ihm machen, was man will, ist eine goldene Regel, die ich mein Lebelang vor Augen und im Herzen haben werde *).

Wir haben also allerdings Ursache, wie Sie schreiben, alle diejenigen als unsere Wohlthäter anzu-

---

*) Schöne Lehrer der Wahrheit! gerade so wie wenn Schulmeister den Kindern, die sie lesen lehren sollten, erst die Augen blenden wollten.

anzusehen, die Glauben an Geistererscheinungen, Goldmachen und Magnetismus verbreiten. Ich finde auch wirklich, daß alle Glieder meiner Gemeine, die solche Sachen glauben, sehr gute und lenksame Seelen sind, und vom Klugdünkel gar nichts wissen.

Wie wäre es, wenn Sie bey uns eine magnetische Gesellschaft errichteten! Ich habe eine Schwester, die scheint mir so recht zum Magnetisiren gemacht zu seyn. Sie ist kränklich und verliebt — wäre dieß nicht ein gutes Subjekt zum Magnetisiren? Mit Vergnügen wird sie sich von Ihnen manipuliren lassen. Und ist sie einmal desorganisirt! so sagt sie gewiß alles, was wir gern hören wollen. Da haben wir denn eine Prophetin, die alles, was wir wollen, mit ihren Aussprüchen bestätigt. Was das für eine herrliche Sache wäre! Wunder wollten wir thun, wahrhaftig Wunder! und wenn wirs einmal bis zum Wunderthun gebracht haben, dann sey Trotz geboten jedem, der uns meistern will *)!

Nun

*) Wahrhaftig der Mann ist so einfältig nicht, als er scheint. Benutzt die Schwachheiten des weiblichen Geschlechts, und sucht es auf eure Seite zu bringen,

Nun verstehe ich auch, warum Sie immer so sehr die Kanonisation des Bettlers Labre wünschen. Was kann man mit einer Gemeine nicht alles anfangen, die einmal so weit gebracht ist, daß sie ihr Heil von einem Menschen erwartet, der sich gegen das Ungeziefer nicht schützen konnte!

Der Einfall ist mir, seit Ihrem letztern Briefe nicht aus den Gedanken gekommen. Könnten wir bey uns nicht eben so etwas ausführen? Ueberlegen Sie es, Herr Bruder! da ist der Bettler Krums, den in voriger Woche das Ungeziefer gefressen hat — wäre es nicht möglich ihn canonisiren zu lassen? Bedenken Sie nur, was für ein Sieg über die vermaledeyete Vernunft es wäre, wenn wir die Freude hätten, unsere Stadt vor dem Bilde eines Menschen knieen zu sehen, der vor kurzen noch der Buben Spott war. Wenn wir Litaneyen und Gebete, um Schutz und Rettung zu dem schicken hörten, der sich gegen das Ungeziefer nicht zu schützen vermochte. Welche

Freude,

bringen, dann könnt ihr mit dem übrigen Bischen Welt machen, was ihr wollt. Wir sind ja im Grunde doch diejenigen, die das Regiment in der Welt führen. Meynest du nicht Schwester?

Freude, wenn Krums der Bettler, von den Kanzeln der Christenheit als Muster gepriesen würde! dann hätten wir gewonnen Spiel! dann wollten wir unsere anvertraueten Heerden lenken und leiten, wie es uns selbst beliebte. Ueberlegen Sie doch die Sache *)!

Ich bin

Ihr

treuer Bruder
Luchsenburger.

Fünfter Brief.

Der Diakonus Rollow an Carln.

Grünau, d. 6. März.

Liebster Herr von Carlsberg!

Wenn Sie unsere Henriette wirklich so herzlich lieben, wie Sie versichern: so ist es schlechterdings

---

*) Vortreflich! wenn man es einmal darauf anlegt, die Menschen zu Narren zu machen, um von ihrer Narrheit Vortheil zu ziehen, so kann es nicht schicklicher angefangen werden.

dings nöthig, daß Sie, gleich nach dem Empfange dieses Briefs, ihr schreiben, und ihr einen schrecklichen Argwohn zu benehmen suchen, den sie gegen Sie gefaßt hat.

Henriette hat Sie auf Ihrem Landgute besuchen wollen, welches Sie itzo ohne Zweifel wissen werden. Sie fand Sie nicht, dieß schmerzte das Mädchen, deren Herz an Ihnen so ganz hängt. Noch mehr gebeugt wurde sie aber, da man sie versicherte, daß Sie ein Frauenzimmer unterhielten, das mit Ihnen in der größten Vertraulichkeit lebe. Dieß hat sie gegen Sie erbittert. Meine Vorstellungen sind umsonst.

In meinen Augen sind Sie ein sehr rechtschaffner Mann, der gewiß eine sehr beruhigende Auskunft wird geben können. Aber bald — bald muß sie erfolgen, sonst bürge ich Ihnen für nichts. Leben Sie wohl!

Eine sehr bringende Einladung, einem Kranken, in dem hier neu errichteten Hospitale beyzustehen, riß mich von diesem Briefe weg, und hielt mich so lange auf, daß ich darüber die Post versäumte.

Da nun dieß einmal geschehen ist, so kann ich nicht

nicht umhin, Ihnen die traurigen Empfindungen, die ich bey diesem Besuche hatte, mitzutheilen.

Seit zwey Monaten ist bey uns ein Hospital zu Stande gekommen, in dem alle Kranke aufgenommen werden, denen das Vermögen fehlt sich curiren zu lassen. Sie genießen hier unentgeltliche Verpflegung und Heilung.

Eine besondere Etage darinne, die den Personen eingegeben ist, welche Brüche haben, ist bereits so angefüllt, daß schon viele Unglückliche dieser Art, haben ab und zur Geduld verwiesen werden müssen. Der Fürst hat auch einen besondern Arzt zur Heilung dieser Elenden berufen lassen, der nicht nur im Hospitale, sondern auch ausser demselben voll auf zu thun hat.

Diese Anstalt macht unserm Fürsten Ehre. Größere Ehre würde es ihm aber gewiß seyn, wenn es nicht so viele Unglückliche in seinem Lande gäbe. Der Hirte ist gut, der sich seiner kranken Heerde annimmt, aber der ist besser, der sie so zu weiden weiß, daß sie nicht krank wird. Aber freylich kann man es unsern Fürsten nicht ganz zur Last legen, wenn so vieles Elend unter ihrer Regieruug herrscht. Ihre Unterthanen sind keine Schaafe, die durch

den

den Hund auf einem einzigen Pfiff zusammen gehetzt werden können. Sie sind freye Geschöpfe, und müssen als solche behandelt werden. Was soll nun der Fürst thun, um seine Unterthanen von Wegen abzubringen, die sie ins Unglück stürzen? Soll er befehlen und verbieten? so finden sie tausenderley Wege, die Gesetze zu hintergehen. Soll er Einrichtungen machen, um sie durch Liebe und Vernunft dahin zu bringen, daß sie glücklicher werden; so fehlen ihm auf der einen Seite die Leute, die Klugheit, Rechtschaffenheit und Kraft genug hätten, seine Absichten durchzusetzen: auf der andern Seite rottirt sich sogleich der hohe und niedrige Pöbel zusammen, um ihm entgegen zu arbeiten.

Der Fürst ist mir schon ehrwürdig, der keine Einrichtungen macht, die auf das Verderben seiner Unterthanen abzielen, der diejenigen unterstützt, die zur Minderung der menschlichen Leiden ihre Kräfte brauchen, und der sich der Unglücklichen auf das Beste annimmt.

Ich komme näher zur Sache.

In dieses neu angelegte Hospital wurde ich nun gerufen, um einem Patienten, der einen großen Bruch hatte, das Abendmahl zu reichen.

Er

Er rang bey meinem Eintritte schon mit dem Tode, und ich mußte, nach verrichtetem kurzen Gebete, unverrichteter Sache wieder fortgehen.

Wie viel mein Herz dabey litt, daß ich einen meiner Mitmenschen in der Blüthe seiner Jahre dahin welken sehen mußte, kann ich Ihnen nicht beschreiben.

Als ich eben zur Thür herausgehen wollte, kam ein anderer sehr ungestüm hereingetreten, so, daß wir beyde heftig an einander stießen, und in einem Augenblicke zugleich sagten — ich bitte um Verzeihung!

Da wir einander einige Augenblicke angesehen hatten, fragte der andere, sie haben vermuthlich einen Kranken hier besucht?

Einen Sterbenden war meine Antwort, der itzo, da wir mit einander sprechen, die Erde verläßt.

Und was fehlt ihm? fragte jener heftig. Er hat, wie man mir sagte, einen Bruch.

Hat er, fuhr er fort, Convulsionen? Schreckliche Convulsionen! sagte ich.

Nun sagte er, wenn diese eingetreten sind, so kann ich ihm nicht mehr helfen. Eben itzo wollte ich ihn besuchen.

Sie sind also, fragte ich, vermuthlich ein Arzt.

Arzt. Der bin ich, und unser wohlthätiger Fürst hat mich vorzüglich dazu verordnet, daß ich mich der Brüchigen annehmen soll.

Ich. Aber sagen Sie mir nur, ich bitte Sie, woher kömmt es denn, daß in unsern Tagen so viele Menschen gebrechlich werden? Wir arbeiten immer, predigen und schreiben, um das menschliche Elend zu mindern, und können uns doch nicht einmal gegen Gebrechlichkeit schützen! Dieß macht mich sehr traurig.

Arzt. Ey, wen sollte der Anblick so vieler Unglücklichen nicht traurig machen! Aber ich sehe nicht, wie die Sache abzuändern ist. Wir müßten das Menschengeschlecht umschmelzen, wenn wir solches Elend verhindern wollten.

Ich. Sagen Sie mir doch aber nur, woher kommt denn dieses Elend?

Arzt. Es hat verschiedene Quellen. Die eine ist die unmenschliche Unbarmherzigkeit der Vorgesetzten gegen ihre Untergebenen; der Knecht, die Magd, der Lehrling, werden oft gezwungen, Lasten zu heben, die ganz über ihre Kräfte sind. Wenn ich nun mit einem Hebel eine Last heben soll,

soll, die mit seiner Stärke in gar keinem Verhältnisse steht, was muß daraus folgen? er muß brechen. Gerade so muß der Mensch gebrechlich werden, der gezwungen wird Lasten zu heben, die seine Kräfte ganz übersteigen. Von dieser Unbarmherzigkeit hat der junge Mensch, den sie besucht haben, seinen Tod. Sein Vater that ihn in der Absicht zu dem Kaufmann Ribitsch, daß er bey ihm die Handlung lernen sollte. Ribitsch ist aber ein Barbar. Statt seine Lehrlinge mit der Handlung bekannt zu machen, braucht er sie wie seine Sklaven, zwingt sie, wenn sie die Waaren auf und abgeladen haben, dieselben von einem Orte zum andern zu fahren u. s. w.

So sollte auch der arme Mensch, der itzo stirbt, ein großes Faß voll Kaffee zu einem andern Kaufmann fahren. Er that sein Möglichstes, war aber nicht vermögend, es eine Spanne weit von der Erde zu heben, ließ also den Schubkarrn sinken und sagte, — das bin ich nicht im Stande zu erheben!

Wie ein Satan sprang Ribitsch aus seinem Laden, schlug unbarmherzig auf den Menschen los, zwang ihn, seine Kräfte zu überspannen, pautz da lag er und war gebrechlich.

Ich.

Ich. Entsetzliche Barbarey! Woher kömmt es denn aber, daß so viele Soldaten Brüche haben?

Arzt. Das will ich Ihnen sagen. Unsere Fürsten wollen fast alle mehr Soldaten halten, als ihr Land ernähren kann. Folglich müssen Sie auf Menage denken. Aus Menage lassen sie den armen Soldaten, Rock, Weste und Hosen enger machen, als es seyn sollte. Dadurch werden alle ihre Eingeweide unnatürlich zusammengepreßt. Wenn nun so ein armer Mensch einen Fall thut, oder mit dem Pferde stürzt, so kann er nicht, wie ein anderer, mit Vortheil fallen oder stürzen, denn er ist ja an allen Orten gepreßt und gespannt, er fällt also gerade aus, das zusammengepreßte Eingeweide bricht durch — der Bruch ist da! Voriges Jahr bekamen funfzig tüchtige Bursche, der Brüche wegen, von dem hiesigen Regimente, ihren Abschied. Ich denke, wenn das Ding nicht bald anders wird, so wird man wohl bald noch mehreren den Abschied geben müssen!

Ich. Guter Gott! wer kann sich bey solchen Auftritten der Klagen über das menschliche Elend enthalten! Wie geht es denn aber zu, daß so viele Menschen von den cultivirten Ständen, die weder schwere Lasten heben, noch ihren Körper in unnatürliche Kleidung pressen dürfen, Brüche bekommen?

Arzt. Ihro Ehrwürden! daran ist unsere ganze Lebensart schuld.

Ich. Das wäre ja schrecklich, wenn unsere Lebensart so unnatürlich wäre, daß sie uns gebrechlich machte.

Arzt. So ist es aber! Ich habe von Heilung der Brüche meine Nahrung, und sollte, wenn ich eigennützig wäre, nicht dagegen sprechen. Lieber wollte ich aber auf der Stelle auf alle den traurigen Gewinn Verzicht thun, den ich von diesem Elende ziehe, wenn ich es nur ein für allemal abgeschaft sehen sollte! Ich würde demohnerachtet keine Noth leiden.

Ich. Edler Mann! diese Aüsserung macht ihrem Herzen Ehre! desto gewisser hoffe ich, daß Sie mir einen Wink nach der eigentlichen Quelle geben werden, woraus die vielen Gebrechlichkeiten unserer Zeitgenossen, nicht etwa der Taglöhner und Sackträger, die die Noth oft zwingt, ihre Kräfte zu überspannen, sondern solche Personen rühre, die ein sehr bequemes Leben führen?

Arzt.

Arzt. Laſſen Sie uns dieſe Wohnung des Elends verlaſſen, wo ich gegenwärtig unnütze bin, und über dieſe wichtige Sache weiter ſprechen! Geben Sie mir wohl recht, wenn ich behaupte, daß jeder Menſch, der Fürſt wie der Bauer, zur Arbeit beſtimmt ſey?

Ich. Ei das verſteht ſich. Wenn der Fürſt nicht arbeitet, und der Bauer nicht arbeitet; ſo verdirbt einer wie der andere.

Arzt. Bravo! So weit ſind wir eins! aber nun frage ich Sie weiter? Sind denn alle Menſchen auch zur körperlichen Arbeit beſtimmt?

Ich. Zur körperlichen Arbeit? dieſe Frage, ich muß es geſtehen, kommt mir etwas unerwartet. Erlauben Sie mir einige Minuten zum Nachdenken! Wenn der Vater dem Kinde ein Klavier ſchenkt; ſo thut er es in der Abſicht, damit es darauf ſpielen ſoll. Wenn alſo der Schöpfer uns einen Körper gab; ſo that er es deswegen, daß wir ihn brauchen, daß wir körperliche Arbeit treiben ſollten. Ich bin überzeugt! wer einen Körper hat, der muß körperliche Arbeiten treiben!

Arzt. Vollkommen richtig! ich ſage aber noch mehr, er muß auch ſolche Arbeit treiben,

die

die den ganzen Körper, wo möglich, in freyer Luft in Bewegung setzt. Denn wenn nur einige Theile, zum Exempel die Finger oder Hände bewegt werden! so sind eine Menge Muskeln, die doch auch vom Schöpfer ihre Bestimmung erhalten haben, unthätig; und, da doch die freye Luft das Element ist, für welches wir geschaffen sind; so muß, wenn anders der Schöpfer weise ist, die Zurückziehung von derselben sehr traurige Folgen haben.

Wenn nun der Mensch nicht alle Muskeln seines Körpers in Thätigkeit erhält; so müssen diese nothwendig erschlaffen. Uebung ist die einzige Stärkung jeder Kraft. Wo diese fehlt, entsteht Erschlaffung.

Diese Erschlaffung wird bey Personen, die im verschloßnen Zimmer, sitzend, entweder mit dem Kopfe oder mit den Händen arbeiten, am ersten im Unterleibe fühlbar. Die Eingeweide verlieren nach und nach die Kraft, ihre Dienste zu thun, und das abzuführen, was sie abführen sollten. Es entstehen Verstopfungen — Verhärtungen —

Des Sitzens müde, suchen solche Personen Zerstreuung. Nicht, wie man vermuthen sollte, in körperlicher Arbeit, die mit Anstrengung verknüpft ist; denn diese scheuen sie. Auch nicht immer in Spaziergängen, denn bald regnet, bald schneiet es, bald ist es zu heiß, bald zu kalt, weil einem Menschen, der die körperliche Arbeit in freyer Luft flieht, fast immer 3/4 der Witterung unangenehm ist. Folglich müssen sie Gesellschaft suchen, und da viele Stunden lang mit andern zusammen sitzen, essen, trinken, plaudern und spielen. Hier sind die Muskeln des Unterleibes wieder in Unthätigkeit und es werden in den Gedärmen unnatürliche Spannungen und Pressungen hervorgebracht.

Ich. Das ist wohl nicht zu leugnen.

Arzt. Eben daher entstehen aber noch mehr Verhärtungen!

Ich. Nothwendig! ich fühle sie nur allzusehr, wenn ich Amts wegen an großen Schmäusen Theil nehmen muß.

Arzt. Wenn nun der Mensch die Forderungen der Natur befriedigen will, was muß er thun? seine Kräfte unnatürlich anstrengen — folglich sich der Gefahr aussetzen, seine innern Theile zu zersprengen. Dieß ist der Ursprung von den mehresten Brüchen bey Personen, die eine sitzende Lebensart führen. Geben Sie mir hierinne Recht?

Ich. Ganz gebe ich Ihnen Recht.

Arzt. Dieß einzige muß ich Ihnen nur noch sagen, daß in katholischen Ländern die Zahl der Gebrechlichen noch weit größer, als bey uns, sey. Die mehresten Mönche, vorzüglich die Karthäuser, sind mit Brüchen geplagt. Die Nothwendigkeit, ohne alle Lust und Neigung, ganze Stunden die Horas zu singen, setzt sie in diesen traurigen Zustand.

Vielleicht ist bey kleinen Kindern, die, ehe sie sich ihrer noch bewußt werden, schon die traurigen Folgen der menschlichen Thorheit, an ihrem Körper in einem Bruche, fühlen, die Ursache ihres Elends das Waschen mit warmen Wasser. Dieß muß nothwendig alle Theile, die das Eingeweide zusammen halten sollten, schlaff machen.

Sie werden aus dem, was ich Ihnen gesagt habe, wohl einsehen, daß ich mit meiner Kunst, gebrechliche Menschen zu heilen, bey einer Gesellschaft von Menschen, die der Natur gemäß lebt, so unnütz sey, als ein Friseur, eine Amme, oder

ein

ein Schnürbrustfabrikant, aber für die Menschen wie sie itzo sind, bin ich doch unentbehrlich.

Ich. Freylich unentbehrlich! Aber doch werden Sie es mir gewiß verzeihen, wenn ich den Wunsch thue, daß sie ihn einst entbehrlich werden möchten!

Arzt. Diesen Wunsch unterschreibe ich aus dem Grunde meiner Seele!

Ich. So leben Sie wohl, lieber, edler Mann.

Arzt. Leben Sie auch wohl!

Mit diesen Worten schieden wir von einander.

Da ich zu Ihnen das Vertrauen habe, daß Sie einst sich bestreben werden, die Glückseligkeit der Menschen aufs möglichste zu befördern: so hielt ich es für Pflicht, Ihnen diesen Auftritt zu melden, damit Sie desto besser in den Stand gesetzt würden, dem großen Elende der Menschen — der Gebrechlichkeit — entgegen zu arbeiten.

Von ganzem Herzen

der Ihrige

Rollow.

Sechster Brief.

Der Feldprediger Wenzel, an Carlsberg.

Carmin den 10 März.

Mein lieber guter Carl!

Da Ich so aufrichtig an allen Schiksalen, die Sie betreffen, Theil nehme, und mich so herzlich auf den Tag freue, da Sie Ihre gute Henriette, ganz als die Ihrige, in Ihre Arme schließen können: so bin ich, gewiß überzeugt, daß Sie auch bey meinen Schicksalen nicht gleichgültig seyn werden.

Ihnen zuerst melde ich also etwas, wodurch mein ganzes Schicksal eine andere Wendung bekömmt, und sich mir, für die Zukunft, ganz neue Außsichten öffnen.

Ich bin zum Superintendent in Carmin, mit einem Gehalte von tausend Thalern, ernannt worden.

Viele würden dieses geradezu für ein Glück halten — ich aber nicht so. Das Amt eines Superintendenten, Gott welche Bürde ist es! Wenn ich es nicht in der Absicht übernehme, um, die damit verknüpften, tausend Thaler verzehren zu können, sondern, um ihm Gnüge zu leisten — wie schwer ist es dann!

Nun soll ich Oberhirte von so vielen Hirten seyn, denen so viele tausend Schafe anvertrauet sind! Soll sie leiten, soll ihnen Anweisung geben, sie nach richtigen Grundsätzen zu behandeln — wie viele Thätigkeit, Aufmerksamkeit, und Klugheit, ist dazu nöthig!

Soll ich Sie, nach der hergebrachten Methode, ihre Heerden fortweiden lassen? — Welche Vorwürfe werden mir deswegen alle Rechtschaffene, welche Vorwürfe wird mir deswegen mein Gewissen machen!

Soll ich Verbesserungen anfangen? Welcher Widerstand, Tadel, Spott, wartet dann meiner!

Kurz! wenn ich mein neues Amt von dieser Seite betrachte, so habe ich gar keine Ursache mich darüber zu freuen, und möchte wohl mit Mose sagen: Herr sende welchen du willst!

Folgende Gedanken machen mir aber doch die Uebertragung dieses Amts höchst angenehm.

Erstlich bekomme ich doch dadurch einen ungleich größern Wirkungskreiß, habe nun Gelegenheit, vielen tausenden die Grundsätze mitzutheilen, die ich als wahr und richtig erkannt habe. Die Schwierigkeiten, die sich dabey mir entgegen stellen werden, darf ich nicht achten, weil ich ganz überzeugt bin, daß jeder Mann, der Gutes stiften will, mit Schwierigkeiten nothwendig kämpfen müsse, und daß Kampf mit Schwierigkeiten zur Ausbildung unserer Kräfte schlechterdings nöthig sey.

Zweytens bin ich durch diese Veränderung in den Stand gesetzt, mich zu verheyrathen. Da Sie selbst im Begriffe sind, in den Ehestand zu treten: so kann ich mich wohl über diesen Punkt Ihnen etwas deutlicher erklären.

Mir scheint es ein sehr großer Fehler in unserer Statsverfassung zu seyn, daß der Staat nicht dafür sorgt, einem jeden, der zum Ehestande reif ist, und der seine Kräfte gehörig ausgebildet hat, einen Platz anzuweisen, wo er sich verheyrathen und seine Familie ernähren kann. Diesem Fehler müssen gewiß die mehresten Ausschweifungen zur Last gelegt werden, die unaussprechlichen Jammer, Gram, Verzweiflung in der menschlichen Gesellschaft verbreiten.

Mein Gewissen bezeugt mir zwar, daß ich mich nie einer groben Ausschweifung schuldig gemacht habe;

habe; ich weiß aber auch, welche schwere Kämpfe es mir kostete, meine Unschuld zu bewahren, deren unschätzbaren Werth ich itzo ganz empfinde; und wie sehr ich es oft gefühlt habe, daß ich mich in einer höchst unnatürlichen Lage befände.

Was mich noch mehr beruhigt, das ist das Bewustseyn, dieses wichtige Amt, nicht durch kriechende Schmeicheley, nicht durch irgend ein niederträchtiges Mittel, sondern durch meine Freymüthigkeit erhalten zu haben.

Verschiedene Schriften, die ich in einem höchst freymüthigen Tone, an unsern guten Fürsten, aufsetzte, gefielen ihm. Vorige Woche erhielt ich aber seine Gnade ganz, und mit derselben den Ruf zur Superintendentur.

Ich fühlte nämlich sehr lebhaft, den unersetzlichen Schaden, den eine übelgewählte Lecture in unsern Tagen thut, und wie sehr dieselbe durch unsere Leihbibliotheken und Lesegesellschaften begünstigt werde: deswegen brachte ich es dahin, daß die Officiere meines Regiments, das Ministerium, der Stadtrath, das Gymnasium, sich alle dahin vereinigten, den Fürsten durch Bittschriften dahin zu bewegen, daß er diesem Unfuge steuern,
und

und aufgeklärte und rechtschaffene Männer zur Direction der Leihbibliotheken ernennen möge. Dieß hatte die Wirkung, daß mir nicht nur diese Direction, sondern auch zugleich die Superintendentur ertheilt wurde.

Die deshalb ausgefertigten Bittschriften füge ich Ihnen in Copia sub litt. A. B. bey.

Auf der Hochzeit wollen wir von dieser Materie weiter sprechen

Mit der aufrichtigsten Gesinnung bin ich

der Ihrige

Wenzel.

Beylage. A.

Durchlauchtigster Fürst!
Gnädigster Fürst und Herr!

Ew. Durchlaucht landesväterliche Bemühungen, das Wohl von Höchstdero Unterthanen zu beförbern, erkenne ich mit unterthänigstem Danke.

Eben

Eben diese landesväterlichen Gesinnungen flößen mir das feste Vertrauen ein, daß Höchstdieselben die unterthänige Bitte, die ich ißo an Höchstdieselben thue, nicht nur nicht ungnädig aufnehmen, sondern auch in Gnaden gewähren werden.

Das Amt, das Höchstdieselben mir anvertrauet haben, macht es mir zur Pflicht, mein möglichstes zu thun, nicht nur bey den Oberofficieren, sondern auch bey den Unterofficieren und Gemeinen, des mir anvertraueten Regiments, die Gesinnung zu veredeln, den Verstand aufzuklären, sie zu ermuntern, sich in den, ihnen bestimmten, Geschäften immer vollkommener zu machen, und Ihnen Vaterlandsliebe, und Trieb zu wirklich großen Thaten einzuflößen.

Diese Absicht zu erreichen, ließ ich mir bisher ernstlich angelegen seyn. Nicht nur in öffentlichen Vorträgen, sondern auch in Privatunterredungen, hatte ich diesen großen Zweck vor Augen. Auch sehe ich meinen Wunsch dadurch erfüllet, daß bey unserm Regimente eine Bibliothek angelegt wurde, die aus sehr zweckmäßig gewählten Büchern besteht.

Alle

Alle diese Bemühungen fruchten aber sehr wenig, so lange jeder gewinnsüchtige Mann die Erlaubniß hat, eine Leihbibliothek zu errichten, durch welche die fadesten, obscönsten, sittenverderbensten Schriften in dem Publikum, verbreitet werden.

Seit dem Daseyn dieser Bibliotheken ist der Charakter unsers Regiments augenscheinlich verschlimmert worden.

Viele unserer Officiere, besonders die jüngern, sind durch das beständige Lesen der Romane, Comödien und verliebten Gedichte, so verwöhnt, daß sie einen Ekel gegen alle Schriften eines ernsthaften Inhalts, deren Lesung einiges Nachdenken erfordert, bezeugen. Die trefflichsten taktischen, mathematischen, geographischen, physikalischen, moralischen Werke, die in die hiesige Militairbibliothek in der Absicht aufgenommen wurden, Aufklärung und Veredelung unter den Soldaten zu befördern, stehen mehrentheils mit Staub bedeckt, unterdessen daß die Schriften, die entweder geradezu gegen Religion und Tugend gerichtet sind, oder doch wenigstens zu nichts dienen, als die Zeit zu rauben, und die Einbildungskraft zu verwirren, beynahe durchgriffen werden.

Die

Die wenigsten Officiere haben feste, bestimmte Grundsätze, nach denen sie handelten, indem, durch das viele unüberlegte Lesen eine solche Menge, einander ganz widersprechender, Meynungen und Urtheile in ihr Gehirn kommen, daß nicht nur die Uebung ihrer eignen Beurtheilungskraft dabey ganz vernachlässigt wird, sondern auch eine sehr schädliche Gährung daraus in ihrem Gehirne entsteht. Sie wissen nicht mehr, was sie glauben, nicht mehr was sie thun sollen. Der Officier, der heute der Religion Hohn spricht, vertheidigt oft in der nächsten Woche den Glauben an Geistererscheinungen, und in der folgenden fängt er an zu empfindeln; je nachdem das Buch beschaffen ist, das er eben gelesen hat. Fast keiner hat sich ein bestimmtes Ziel vorgesezt, auf welches er mit festem Schritte, mit Ueberwindung der, im Wege liegenden, Schwierigkeiten, zugienge: sondern ihre Handlungen werden fast immer durch Gelegenheiten und Veranlassungen bestimmt, so wie der Luftballon, nicht durch seine eigene innere Kräfte, sondern durch den Stoß des Windes umhergetrieben wird.

Der Eifer, sich durch Abhärtung, körperliche Uebun=

Uebungen, Erfindung neuer Manöuvres u. d. gl. hervorzuthun, durch den sich sonst Ihre Soldaten so rühmlich vor andern auszeichneten, erkaltet fast ganz, und die Köpfe, deren Denkkraft Ihnen und dem Staate geweihet seyn sollte, sinnen fast immer nur darauf, wie sie das weibliche Geschlecht verführen, und ihre Wollüste auf mancherley Art befriedigen wollen. Der gemeine Mann wird durch das Exempel seiner Vorgesetzten angesteckt, und das sittliche Verderben, nebst der daraus nothwendig entspringenden Entnervung, greift immer weiter um sich.

Sollte dieser Seuche nicht bald gesteuert werden: so besorge ich sehr, daß Ihre Soldaten in wenig Jahren ganz weibisch und muthlos, zur Aushaltung der Beschwerden unfähig, kurz zum Dienste ganz untauglich seyn werden.

In dieser Rücksicht ergeht an Ew. Durchlaucht meine unterthänige Bitte, Dieselben wollen die gnädige Verfügung treffen, daß die Dirigirung der hiesigen Leihbibliotheken, einem aufgeklärten und rechtschaffenen Manne, mit der Anweisung übergeben werde, daß er keine als solche Bücher circuliren lasse, die den Verstand nähren,

das

das Herz veredeln, und den Geschmack, doch nicht auf Unkosten des Herzens, ausbilden.

Obgleich hierdurch das Uebel nicht ganz gehoben wird, indem jedem die Freyheit bleibt, unnütze Verstand und Sittenverderbende Bücher, zu kaufen: so wird es doch in seinem Fortgange merklich gehemmt. Eine große Anzahl unnützer und schädlicher Bücher bleibt unbekannt, und der Ankauf derer, die bekannt werden, erfordert mehr Aufwand, und Ew. Durchlaucht haben wenigstens, bey dieser gnädigen Verfügung, die Beruhigung, daß durch Saumseligkeit, das Sittenverderben nicht sey befördert worden.

Die würdigsten Officiere meines Regiments haben mir den Auftrag gegeben, diese Bittschrift an Höchstdieselben aufzusetzen. Im Vertrauen auf Ew. Durchlaucht landesväterliche Liebe, zweifele ich im geringsten nicht an gnädiger Gewährung derselben. Der ich ersterbe

Ew. Durchlaucht
unterthänigster
Wenzel.

Beylage. B.

Durchlauchtigster Fürst!
Gnädigster Fürst und Herr!

Seit dem wir von Ew. Durchlaucht berufen sind, die Lehren des Christenthums, Erwachsnen sowohl als Jünglingen und Kindern, einzuflößen, ist es unser vorzüglichstes Bestreben gewesen, unserer Pflicht ein Genüge zu leisten. Deswegen haben wir uns stets angelegen seyn lassen, die uns anvertraueten Seelen dahin zu bringen, daß sie, nach der Anweisung unsers Herrn und Heylandes Jesu Christi, immer vollkommener zu werden, ihre Lüste zu beherrschen, und ihres Nächsten Glück zu befördern suchten; übrigens ihr ganzes Schicksal als Gottes Güte und weise Fügung ansehen, und sich dabey beruhigen möchten.

Seit einiger Zeit scheint es aber, als wenn der Segen Gottes von unsern Arbeiten gewichen wäre. Wir müssen mit großer Betrübniß sehen, daß unsere Zuhörer weniger Aufmerksamkeit auf unsere Vorträge beweisen, daß aller unserer Ermahnungen zur Thätigkeit ungeachtet, die Liebe zur Aeusserung der Kräfte immer abnimmt, und

eine

eine gewisse Schlaffheit und Empfindeley, die da klagt und wimmert, wo sie handeln sollte, immer weiter um sich greife; daß alle Arten der Unkeuschheit überhand nehmen, die Menschen an Seele und Leib entkräften; daß dadurch die zwey vorzüglichsten Wohlthaten des Christenthums, Rechtschaffenheit und Zufriedenheit, vermindert werden, und sich überhaupt alles zum Verderben neige.

Vorzüglich haben wir an den Schülern unsers Gymnasiums die traurige Bemerkung gemacht, daß die Lust, ihre Kräfte auszubilden, sich vermindere, und der Hang zu allerley Wollüsten vergrößere.

Ew. Durchlaucht mit einer lebhaften Schilderung alles, daher entspringenden Elends zu beschweren, unterstehen wir uns nicht: Nur dieß einzige Höchstdenenselben zu berichten, halten wir für unsere Pflicht, daß sich in dem letztern Vierteljahre drey Personen entleibet haben.

Die erste war ein Mann, der sich durch seine unordentliche Lebensart zu so einem übertriebenen Aufwande hatte verleiten lassen, daß er zu zahlen aufhören mußte.

Die zweyte war eines hiesigen Rathsherrn Frau, die deswegen Gift nahm, weil ihr der

Mann den, ihm verdächtigen, Umgang mit einem jungen Officiere untersagt hatte.

Die dritte, ein Schüler unsers Gymnasiums, von funfzehn Jahren, der sich erschoß, weil die Tochter unsers Auditeurs seinen Anträgen kein Gehör geben wollte.

Auch können wir nicht umhin Ew. Durchlaucht anzuzeigen, daß sechs Schüler unsers Gymnasiums den abscheulichen Entschluß gefaßt haben, Räuber zu werden: daß jeder seine Eltern und Freunde bereits bestohlen habe, und alle auf dem Wege waren, auf Gerathewohl in die Welt zu gehen.

Nachdem wir nun lange nachgedacht, woher dieses große Verderben entstehen möge, haben wir endlich gefunden, daß es seinen Ursprung vorzüglich von dem vielen und übel gewählten Lesen habe, wodurch die Einbildungskraft der Menschen verwirrt, ihr Verstand in Unthätigkeit erhalten, die Begierde genährt, und der Hang zu einer idealischen Welt unterhalten wird.

Wie wir dieses verhindern wollen sehen wir nicht ein, denn weder die Lektüre unserer Zuhörer, noch unserer Schüler, geht so weit, daß wir

Ih-

Ihnen die Bücher die sie ohne Schaden lesen können, vorschreiben dürften.

Vielleicht würde dem Uebel wenigstens einigermaßen dadurch abgeholfen, wenn das Recht Leihbibliotheken zu errichten, nur solchen Personen anvertrauet würde, auf deren Verstand und Herz man sich verlassen könnte.

Da Ew. Durchlaucht schon so viele Monopolien in Dero Lande eingeführt haben: wäre es nicht nützlich auch für die Leihbibliotheken eine Art von Monopolium zu ertheilen; so daß niemand eine Leihbibliothek anlegen dürfte, der hierzu nicht die Erlaubniß von der Obrigkeit erhalten hätte?

Alles dieses Ew. Durchlaucht in tiefster Unterthänigkeit vorzustellen, haben wir für unsere Pflicht geachtet, und überlassen Dero weisem Ermessen, durch was für Verfügungen diesem Uebel am besten zu steuern sey.

Die wir mit herzlichster Verehrung verharren
Ew. Durchlaucht
unterthänigste
sämmtliche Glieder des Ministeriums
wie auch
Director und Professoren des
Gymnasiums.

Siebender Brief.

Die Hofräthin Namur an Caroline Menzerin.

Grünau, den 12ten März.

Liebste Schwester!

Es freuet mich, aus deinem letztern Briefe zu sehen, daß Du itzo mit Deinem Zustande, mehr als sonst, Ursache habest zufrieden zu seyn. Die Schilderung, die Du mir von dem Charakter Deiner würdigen Prinzessin machst, hat mir die vollkommenste Hochachtung gegen sie eingeflößt. Hat sie bisweilen Launen; so darfst Du dieß nicht zu hoch aufnehmen! Du kennst ja ihre Verhältnisse, und weißt, daß jeder Mensch, Dich nicht ausgenommen, bisweilen Anwandelung von übeler Laune habe.

Sich früh dazu zu gewöhnen, üble Laune zu ertragen, ist wohl einem Frauenzimmer sehr nützlich: da sie nicht weiß, was für einen Mann sie bekommen werde.

Ach beste Schwester! Es giebt noch weit größere Leiden, die man von den Männern ertragen muß, als üble Laune. Ich glaubte mit einem Manne hinkommen zu können, der, in mismuthigen Stunden, die Gläser an die Erde würfe und zerträte, wenn ich nur gewiß von seiner Rechtschaffenheit überzeugt wäre. Aber auch der freundlichste, gefälligste Mann ist mir abscheulich, so lange ich seine Freundlichkeit und Schmeicheleyen für Verstellung halten muß.

Nun denke Dich in meine Lage, und urtheile!

Bis itzo kann ich noch nicht recht begreifen, wie in morgenländischen Gegenden, eine Frau so kaltblütig ihren Mann aus ihren Armen, in die Arme anderer Weiber eilen sehen kann.

Alles, was ich durch Nachdenken zur Erklärung dieses Räzels habe herausbringen können, ist dieses: daß getheilte Liebe dort Sitte und gesetzmäßig, bey uns aber gesetzwidrig ist, und folglich ohne eine zusammenhängende Reihe von Lügen und Betrügereyen nicht Statt finden kann. Nach meinem Gefühle muß entweder der Mann seiner Frau treu seyn, oder, wir müssen eine ganz andere Erziehung und Gesetzgebung bekommen.

Dieß ist, wie die Gelehrten sagen, der Prologus! Nun höre auch den Epilogus!

Vor etlichen Tagen wird des Nachts mein ältester Sohn krank. Da ich glaubte, ihn mit

Fliederthee helfen zu können, zog ich an der Glocke, um mein Dienstmädchen herbey zu rufen. Ich zog – und sie kam nicht. Vielleicht, dachte ich liegt sie im tiefen Schlafe. Ich zog noch einmal, und sie kam wieder nicht. Das drittenmal zog ich, aber da war weder Stimme noch Antwort.

Ich sahe mich also genöthigt, mich selbst in die Kleider zu werfen, und nach dem Schlafzimmer des Mädchens zu gehen.

Ich traf es in der traurigsten Verfassung an. Es sammelte alle seine Kräfte, um den Befehl der Glocke zu befolgen; war es aber nicht vermögend. Es war mit Blute bedeckt, alle seine Glieder zitterten, und halb ohnmächtig sank es auf das Bette zurück.

Ich deckte das Bette auf, brachte es hinein, lief selbst in die Küche, verfertigte einen Thee für meinen Sohn, und brachte ihr auch einige Tassen davon.

Dieser Thee beförderte ihre Ausdünstung und mit dieser ihr Leben.

Die Unglückliche schlug ihre Augen auf, weinte und seufzte, ach Gott! ach Gott! erbarme dich! erbarme dich!

J.

J. Was ist dir denn Mädchen?

M. Ach Gott erbarme dich!

J. Rede doch!

M. Vergieb mir um Jesu Christi willen!

J. So sage doch; was fehlt dir denn?

M. Gehe nicht ins Gericht mit deiner Magd, denn vor dir ist kein Lebendiger gerecht!

J. Gott wird sich deiner erbarmen. Aber was hast du denn gesündigt?

M. So du willst Herr Sünde zurechnen, Herr wer wird bestehen!

J. Unglückliches Mädchen! was hast du denn gethan? rede doch!

M. Ach Gott! ich kann, ich darf es nicht sagen.

J. Rede Mädchen! du bist in meinen Diensten und ich soll, ich muß dich retten!

M. Retten? Ich zweifle ob Gott mich retten kann.

J. Gott kann alle — retten. Sey aufrichtig! rede! Vielleicht kannst du durch mich gerettet werden! Was hast du gethan?

M. Sie versagen mir Ihre Barmherzigkeit, wenn ich es Ihnen sage.

J. Re-

J. Rede Mädchen! So lange ich von Gott Barmherzigkeit erwarte, darf ich gegen dich nicht unbarmherzig seyn. Rede!

M. Ich bin eine Mörderin!

J. Gott erbarme dich! wen hast du ermordet?

M. Mein Kind! Mein Kind! Mein Kind! Ach daß doch der Himmel über mir zusammenstürzte, und mich auf ewig in den Abgrund vergrübe!

J. Hast du ein Kind gehabt?

M. Ein Kind gehabt! Ach Gott sey es geklagt! und das habe ich ermordet!

J. Wo ist es?

M. Bey Seite geschaft! Menschen finden es nicht, aber Gott — Gott — ach der findet es und wird auch mich finden!

J. Gott sey dir gnädig! Womit hast du es denn umgebracht?

M. Mit Arzeneyen!

J. Also hast du ihm wohl Gift gegeben?

M. Nicht doch! ich selbst habe Arzeneyen genommen, und habe damit das Kind getödtet! ho! mein Kind zerstört, ehe es noch lebte! Ich
bin

bin verloren! die Welt ist mir zu enge! Möchte ich mich doch verbluten!

J. Wer hat dir denn die Arzneyen gegeben?

M. Des Kindes Vater! der verfluchte Mann! ich will ihm nichts Böses wünschen, aber wohlgehen kann es ihm in seinem Leben nicht! Erst hat er mich zur Unzucht verführt! nun auch zum Kindermorde! hu! hu! (bitterlich weinend)

J. Wer ist denn des Kindes Vater?

M. Das darf ich Ihnen nicht sagen. Stoßen Sie mir ein Messer durch die Brust, dafür will ich Ihnen danken, da bin ich doch meiner Quaal mit einemmale los! aber wer des Kindes Vater sey? das kann, das darf ich Ihnen nicht sagen.

J. Bey mir bleibt es aber verschwiegen! sey doch aufrichtig!

M. Ich mache Sie unglücklich, wenn ich es Ihnen sage.

J. Mich? unglücklich? was geht mich denn dein Kind an? Am Ende ist gar mein Mann Vater dazu? Rede!

M. Ach Herr Jesu! erbarme dich! dringen Sie doch nicht stärker in mich! aber glauben Sie mir nur, daß ich verführt worden bin! Haben

Haben Sie je von mir gehört, daß ich liederlich war?

Ein eiskalter Schauer lief mir über den Leib, und eine Anwandelung von Ohnmacht nöthigte mich, den ersten Stuhl zu suchen.

Hier mochte ich wohl einige Minuten ohne Besinnung gelegen haben — dann erwachte ich — meine Kraftlosigkeit verwandelte sich in den höchsten Grad von Wuth — ich sprang wie rasend auf — rennte nach der Unglücklichen zu, und sagte in der Wuth *) — verfluchtes Mensch!

Und weißt du wohl, was die Unglückliche that? Sie sah mich mit einem fürchterlichen Lächeln an und sagte: recht so! nur zu! schlagen Sie zu, treten Sie mich mit Füßen! so darf ich doch nicht selbst Hand an mich legen!

Diese entsetzlichen Worte, der Ausdruck des höchsten Grads von Verzweiflung, brachten mich wieder zum Gebrauche meiner Vernunft zurück. Ich wendete mich nach dem Fenster zu — meine Vernunft wurde wieder etwas thätig, bald machte sie aber einer ganz entgegengesetzten Leidenschaft Platz.

---

*) Die Recensenten bitte ich, die Worte, in der Wuth nicht zu übersehen.

Platz. Den unbeschreiblichen Jammer, in den das arme Mädchen, vielleicht ganz ohne ihre Schuld (denn daß es möglich sey, daß Mädchen ganz ohne ihre Schuld, verführt werden können, glaube ich ganz gewiß;) war gestürzt worden, stellte ich mir recht lebhaft vor, und fühlte ihn ganz. Ein Strom von Thränen ergoß sich über mein Gesicht, der immer stärker wurde, je mehr ich die Augen trocknete.

Ich war so gerührt, daß ich mich zu der Unglücklichen setzte, ihre Hände druckte und sagte: Du hast Vergebung! Unglückliches Mädchen! Du bist gestraft genug — warum sollte ich dich noch strafen? Ich werde dich verpflegen, und deine Sünde verschweigen.

Hierauf reichte ich ihr noch eine Tasse Thee, und gieng in mein Schlafzimmer zurück, wo ich meinen Sohn ruhig schlafend fand.

Auch ich schlief ruhig ein. Das Bewußtseyn, meine entsetzliche Leidenschaft besiegt zu haben, hatte mein Herz beruhigt, und die Vergießung so vieler Thränen hatte mich entkräftet, und für den Schlaf empfänglich gemacht.

Das Erwachen war unbeschreiblich süß, bald
aber,

aber, da das Andenken, an den gehabten nächtlichen Auftritt, wieder bey mir rege wurde, war alles wieder schwarz um mich, und ich sann auf nichts als Rache.

Nach einer entsetzlichen Stunde, schien es als wenn meine überspannten Nerven sich wieder herab stimmten. Es wurde wieder helle in der Seele, und sie ward fähig, wieder einen vernünftigen Entschluß zu fassen. Ich entschloß mich — die Unglückliche möglichst zu verpflegen, ihre Verirrung zu verschweigen, sie, sobald sie genesen wäre, ihres Dienstes zu entlassen, und — meinem abscheulichen Manne keine Vorwürfe zu machen.

Diesem Vorsatze bin ich bis itzo treu geblieben und glaube, daß er der vernünftigste sey, den ich in meiner traurigen Lage fassen konnte!

Beste Schwester! wie vieles Elend schleicht noch bey aller unserer hochgepriesnen Aufklärung, in der Welt umher! wie viele tausend Unglückliche unsers Geschlechts, leben, durch diese Art Sünden ruinirt, ein verdamnißartiges Leben! Mit entkräftetem Körper, unfähig ihrer Bestimmung, als Gattinnen und Mütter gemäß zu leben, mit dem giftigen Wurm des bösen Gewissens im Busen, wandeln sie dem Grabe entgegen! Ist das nicht menschliches Elend? Ist der vielleicht hypochondrisch und milzsüchtig, der seine Zeitgenossen darauf aufmerksam macht? Ach gute Schwester, noch lange, lange nicht, sind wir auf der Stufe der Vollkommenheit, wo das menschliche Geschlecht, nach seinen, von dem Schöpfer ertheilten Anlagen, stehen könnte und stehen sollte. Das beständige Loben der Aufklärung, Sittlichkeit und Glückseligkeit unserer Zeiten, das vorsetzliche Verbergen der geheimen Gebrechen unserer Zeitgenossen; was ists? Puder, Schnürbrust, Halskrause und Poschen, die zwar die Gebrechen verbergen aber nicht —— —— —— wegnehmen, vielmehr —— —— —— —— vergrößern.

Möchten doch alle diejenigen, die durch die, von der Erziehungsanstalt zu Schnepfenthal aufgeworfenen, in den Nachrichten aus Schnepfenthal befindlichen höchst wichtige Preißfragen, die die Mäßigung des Wollusttriebes betreffen, beantworten, diesen Brief lesen, und auf die abscheulliche Grausamkeit des Zerstörens der Leibesfrucht, zu welcher so oft genöthiget werden diejenigen,

nigen, die ihrem Wollusttriebe, ohne Vernunft den Zügel laſſen, aufmerkſam gemacht werden.

Ich entſetze mich, ſo oft ich daran denke. Der abſcheulichſte Auftritt, deſſen Schilderung ich ſeit langer Zeit geleſen habe, iſt dieſer, da die Croaten, nach der Eroberung Magdeburgs, erſt die Weibsperſonen ſchäudeten und dann ermordeten. Bey Gott! ich glaube aber, daß es beſſer ſey, ermordet, als in die Nothwendigkeit verſetzt zu werden, ſein Kind zu vernichten. In jenem Falle hört doch mit dem Stoße durchs Herz die Quaal auf; hier aber dauert die Gewiſſenspein viele Jahre fort. Es wird gleichſam ein Glied nach dem andern abgelöſet.

Gott gebe, daß du nie, nie ähnliche Erfahrungen machen mögeſt. Dieß wünſchet herzlich

Deine

treue Schweſter,
Namur.

Achter Brief.

Caroline Menzerin an die Hofräthin Namur.

Kolchis den 16 März.

Beste Schwester!

Dein Brief hat mich sehr niedergeschlagen. Die Vorstellungen deines Leidens, das Leiden des unglücklichen Mädchens, und tausend andere, die mit ihm gleiches Schicksal haben, die durch allerley Lockspeise so lange gekornt werden, bis sie in die entsetzliche Nothwendigkeit gerathen, Zerstörerinnen ihrer Leibesfrucht, und gewissermasen ihrer selbst zu werden, raubte meine Gemüthsruhe auf einen ganzen Tag.

Wenn irgend ein boshafter Menschenfeind den Entschluß faßte, das menschliche Geschlecht zu verderben, und die, ihnen von Gott bestimmten Freuden in Höllenqual zu verwandeln: so hätte er den Plan nicht boshafter anlegen können, als unsere sinnlichen, wollüstigen, gedankenlosen Zeitgenossen thun.

Erst Romanen, Gedichtchen den armen Mädchen in die Hände gespielt, um das Gewissen einzuschläfern, und die Begierde anzufachen, dann

dann — — und endlich das zur Verzweiflung gebrachte Mädchen in die Nothwendigkeit gesetzt, den Anspruch auf glücklichen Ehestand oft auch auf Mutterschaft, durch Mordung ihrer Leibesfrucht aufzugeben! Das zur Verzweiflung gebrachte Mädchen, durch diesen, die Natur empörenden Schritt zu allem was schändlich ist, aufgelegt, fähig gemacht, alle Schaamhaftigkeit abzulegen, zu trügen, Intriguen zu spielen, sein Gewissen zu betäuben — das heist Galanterie, ist aber, nach meiner Empfindung, ein Plan, den der Satan selbst nicht boshafter aussinnen könnte.

Dieß ist gewiß nicht übertrieben, da ich sehr oft die Bemerkung gemacht habe, daß Mädchen, die bis zu dieser unnatürlichen Handlung sanken, aller Ausschweifungen und Bosheiten fähig waren.

Ich wünsche selbst, daß vorzüglich diejenigen, die die, von der Erziehungsanstalt zu Schnepfenthal verlangten Warnungsbücher, für beyde Geschlechter, gegen die ungesetzmäßige Befriedigung des Wollusttriebs, ausfertigen, auf dieses Elend, welches so oft, so gar oft, daraus entspringt, Rücksicht nehmen möchten. Aber um dir Vorwürfe zu ersparen, wünsche ich eben so sehr,

sehr, daß dein Brief nicht ins Publikum kommen möge. Du hättest die erste Zusammenkunft deines Mannes mit der Unglücklichen, auf das lebhafteste ausmahlen können, und du würdest gewiß recht viele Leser und Leserinnen gefunden haben.

Aber von den schrecklichen Folgen, vom Blute, von Zittern der Glieder, und von Gewissensbissen zu sprechen — das beleidigt ja den Geschmack, das ist zu Crell!

Meiner Prinzessin Aufmerksamkeit entgieng die betrübte Lage meines Gemüths nicht, so sorgfältig ich sie ihr auch zu verbergen suchte.

Mit forschendem Blicke beobachtete sie alle meine Mienen, dann faßte sie meine Hand, und fragte: Caroline! was fehlt dir?

Ich. Mir? Ihro Durchlaucht, mir fehlt gar nichts. Was sollte mir in der Gesellschaft der würdigsten Prinzessin fehlen? (merkst du wohl, wie ich mich verfeinere?)

Pr. Dir fehlt aber etwas! Warum willst du läugnen? sprich gerade, offenherzig heraus!

Ich. Gegen eine so würdige Prinzessin ein Geheimniß zu haben, würde Sünde seyn?

Pr. So sage mir, was ist dein Geheimniß?

Ich.

Ich. Hier! Ihro Durchlaucht! indem ich ihr (mit deiner Erlaubniß) deinen Brief reichte. Sie nahm ihn, trat an das Fenster, laß; ihre Augen wurden naß, dann warf sie ihn unwillig auf den Tisch, und sagte: da haben wir es ja!

Ich. Und was sagen Ihro Durchlaucht dazu?

Pr. Ich? Wenn gesunde Leute, die mäßig, enthaltsam, ordentlich leben, in ein Gebäude ziehen, wo sie ungesund werden und frühzeitig sterben, so sage ich, das Gebäude taugt nichts.

Ich. Ein Ausspruch, der Ihrem Verstande und Herzen Ehre macht! Darf ich aber unterthänig um die Anwendung bitten?

Pr. Die Anwendung kannst du selbst machen: eine Staatsverfassung, in welcher ein so braves Weib, wie deine Schwester ist, bey aller ihrer Rechtschaffenheit, Klugheit und Thätigkeit höchst unglücklich werden kann; wo ein so armes unschuldiges Geschöpf, wie ihr Dienstmädchen ist, zum Abgrund der Verzweiflung geleitet wird — muß große, sehr große Fehler haben! Nun weißt du alles! dringe nicht weiter in mich!

Ich befolgte den Befehl, und lenkte das

Gespräch auf gleichgültige Dinge, das aber freylich nicht sehr unterhaltend war.

Der folgende Tag war desto fröhlicher, es war des Fürsten Geburtstag!

Gewiß ein Tag, der den herrlichsten Stoff giebt, Fürsten und Unterthanen an ihre Pflichten zu erinnern, und die Liebe beyder gegen einander zu nähren.

Wollen doch sehen, wie diese Gelegenheit benutzt wurde.

Der Donner der Kanonen verkündigte der ganzen Stadt, und einem großen Theile des Landes, daß heute des Fürsten Geburtstag sey.

Dann versammlete sich gegen zehn Uhr der sämmtliche Adel, und stattete dem Fürsten seinen Glückwunsch ab.

Meine Prinzessin, als eine Fürstliche Person, war unter den Glückwünscher und Glückwünscherinnen die erste, und ich mußte sie begleiten.

Aufrichtigkeit im Reden habe ich so ziemlich besiegt, aber meine Mienen widersprechen mir immer. Sie mochte so etwas in meinem Gesichte bemerkt haben. Sobald sie also mit mir allein war, drohte sie mir mit dem Finger, und sagte: Caroline! Caroline! Ich.

Ich. Ihro Durchlaucht!

Pr. Ihro Durchlaucht sagen, daß du über die heutige Feyerlichkeit in deinem Herzen gespöttelt habest.

Ich. Ich bitte unterthänigst um Verzeihung.

Pr. Schweig! Wenn dich dein Gesicht nicht verrathen hätte! Sey aufrichtig, und sage mir, was du davon dachtest!

Ich. Das Urtheil eines armen bürgerlichen Mädchens, kann einer Prinzessin ganz gleichgültig seyn.

Pr. Daß es mir nicht ganz gleichgültig sey, kannst du daraus sehen, daß ich darauf bestehe, es mir zu sagen.

Ich. Ew. Durchlaucht Winke, sind für mich Befehle. Ich muß Ihnen also sagen, daß es mich befremdete, daß nur der Adel, nicht auch Abgeordnete vom Bürger und Bauerstande dem Fürsten Glück wünschten. Ich glaubte, der Bürger und Bauer hätten so gut, wie der Adliche, Ursache, sich über des Landesvaters Geburtstag zu freuen, und ihm ihre Freude auszudrücken.

Pr.

Pr. Ah!

Mit diesem unbeschreiblich ausdrucksvollen Ah! wendete sie sich von mir. Wenn ich dieses Ah! umschreiben sollte, so würde die Beschreibung ohngefähr so lauten: Recht magst du wohl haben, liebe Caroline, aber du wirst schon so klug seyn, und deine Meynung nicht laut sagen.

Ich verstand den Wink, und schwieg ganz stille.

Bey Tafel wurde der sämmtliche Adel traktirt, und zwey Bürgerliche, unter denen sich Carlsbergs ehemaliger Hofmeister, der itzige Superintendent zu Carmin, Wenzel, der, wie man mich versichert hat, ganz Carmin umgeschaffen haben soll, hatten die Gnade, an der Marschallstafel zu speisen.

Nach aufgehobener Tafel, war eine große Feyerlichkeit. Dem dreyjährigen Prinzen des Erbprinzens, wurde der schwarze Rabenorden umgehängt. Der ganze Hof, alle anwesende Fürstliche Personen, und der ganze Adel nahmen an dieser Feyerlichkeit Theil.

Ich, die ich auf der Gallerie des Saals stund, wo die Feyerlichkeit vor sich gieng, mußte alle meine Kräfte anwenden, um das Lachen zurückzuhalten. Der Reiz dazu war itzo aufs höchste gestiegen, als meine Prinzessin ebenfalls die Unterlippe einbiß und nach mir sahe.

Sogleich brach der so lang zurückgehaltene Strom durch, ich mußte das Schnupftuch vorhalten, und mich, so geschwind als möglich, entfernen. Was aus der Prinzessin wurde, der das Lachen so nahe zu seyn schien, als mir, konnte ich sogleich nicht erfahren.

Dieser Feyerlichkeit folgte eine Comödie, die mit des Fürsten Geburtstage nicht den geringsten Zusammenhang hatte. Sie war betitelt: Die Liebe ist ein Schalk! und stellte vor: wie ein Mädchen, das der Liebe entsagt hatte, doch nach und nach in die Fesseln derselben, durch einen verständigen, gutmüthigen, wohlgebildeten Jüngling geleitet wurde.

Nach Endigung derselben, trat endlich ein Akteur hervor, und hielt einen Glückwunsch an den Fürsten, der zur Comödie gerade so paßte, wie die Musik, die ich am vergangenen zweyten Weyhnachtsfeyertage, in der Schloßkirche hörte,

zur

zur Predigt: von der Pflicht, für die Wahrheit sein Leben zu laſſen.

Als das Schauspiel geendigt war, wurde das Soupee eingenommen, und dann ein Ball gehalten, der bis drey Uhr dauerte, da mir meine Prinzeſſin befehlen ließ, mit ihr nach Hauſe zu fahren.

Bey dem Auskleiden war ihre erſte Frage: warum liefſt du denn davon, als der ſchwarze Rabenorden ausgetheilt wurde?

Ich. Jhro Durchlaucht halten mir es zu Gnaden! es iſt mir unmöglich, ganz freymüthig zu ſprechen.

Pr. Warum nicht? albernes Mädchen!

Ich. Ich beſorge, meine würdige Prinzeſſin durch meine Freymüthigkeit zu beleidigen.

Pr. Das noch nie geſchehen iſt. Du weiſt es, Mädchen, je freymüthiger du biſt, deſto mehr wächſt meine Liebe zu dir! heraus mit der Sprache!

Ich. Wenn Jhro Durchlaucht es befehlen, ſo muß ich geſtehen, daß mir die Ceremonie höchſt

F 5 lächer-

lächerlich war: Ein dreyjähriges Kind — mit einem Orden — Welcher Contrast! Ich glaube, man hätte ihm eine Ruthe umhängen sollen. Mein Rollow sagte mir, der Mensch in seiner Kindheit, sein Vater möchte König oder Bauer seyn, wäre weiter nichts als Thier, das keiner vernünftigen Vorstellung fähig wäre, und blos durch sinnliche Empfindungen, gelenkt werden müsse.

Pr. Weiter in den Text!

Ich. Blos im Vertrauen auf Ew. Durchlaucht Gnade gehe ich in Erklärung des Textes weiter. Da der schwarze Rabenorden doch die Belohnung im Fürstenthume Kolchis, für das höchste Verdienst ist; so schien es mir sehr widersinnig, daß man ihn einem Kinde gab, das noch ganz ohne Verdienst ist. Belohnung, die man zahlt, ehe die Arbeit angefangen wird, verleitet, nach meiner Empfindung, immer zur Trägheit. Sie schwächt schon den Fleiß des Taglöhners — wie vielmehr des Prinzens!

Pr. Wie verstehst du das?

Ich.

Ich. Bey der Erziehung des Prinzens, vereinigt sich alles, ihn zu verderben. Von der obersten Hofdame, bis zum niedrigsten Kammermädchen und Bedienten, bemühet sich gemeiniglich alles, ihm zu schmeicheln, seine Unarten zu entschuldigen, und seine Einfälle zu loben. Der weiseste beste Fürst, ist, so lange er seinen Prinzen am Hofe, oder nur in der Nähe seiner Residenz erziehen läßt, dieß ganz zu verhindern nicht vermögend.

Vielleicht wäre es ihm möglich, die unvermeidlichen Schmeicheleyen der Hofleute dadurch weniger schädlich zu machen, wenn er seine Prinzen ganz von unten auf dienen ließe, und sie keine Stufe höher führte, als die sie sich, durch Anstrengung ihrer Kräfte, und unläugbare Beweise von edler Denkungsart, erworben hätten.

Was kann er aber noch für sie thun? Was für eine Aufmunterung zur Thätigkeit bleibt ihn noch übrig, wenn er ihnen die höchste Belohnung ertheilt, ehe sie noch angefangen haben zu handeln?

Pr. Und das Resultat von alle deinen Räsonnement ist doch wohl kein anders, als die-

dieses, daß Tugend an fürstlichen Personen immer mehreren Werth habe, als bey Bürgerlichen.

Ich. (Küßte die Hand der Prinzessin.)

Pr. Geh! Spötterin!

Ich. Ich bitte Ew. Durchlaucht, mich nicht zu sehr in Verlegenheit zu setzen! Der Freymüthigkeit bin ich fähig, aber des Spottes, über eine so würdige Prinzessin, gewiß nicht.

Pr. So rede freymüthig!

Ich. Freymüthig gestehe ich Ihnen, daß die Tugend an einer fürstlichen Person immer mehr wahren innern Werth habe, als die Tugend, — versteht sich in eben diesem Grade, in irgend einem andern Stande.

Pr. Du lügst Mädchen. Wenn ich also zur Unterstützung einer verwaiseten Familie einen Louisd'or gebe, so ist das mehr werth, als der Louisd'or den der Bürgerliche giebt?

Ich. Ich bitte unterthänigst um Verzeihung. Ein Louisd'or ist ein Louisd'or, aber keine
Tu-

Tugend, und das Geben eines Louisd'ors, ist eine Handlung, aber noch keine Tugend. Mein Rollow ach! der sagte mir immer, Tugend wäre keine gute Handlung, sondern eine Fertigkeit in guten Handlungen.

Pr. Dein Rollow mag wohl Recht gehabt haben. Und in diesem Verstande genommen, wirst du mir freylich zugestehen müssen, daß die Tugend der fürstlichen Personen weit größern Werth habe, als die Tugend der Bürgerlichen: Weil die erstere weit mehrere und größere Schwierigkeiten zu überwinden hat, als die letztere.

Ich. Das ist ganz unläugbar.

Pr. Wie gefiel dir das Schauspiel?

Ich. Sehr wohl! Es war gut ausgearbeitet, hatte viele charakteristische Züge, viel Handlung, der Knoten war gut geknüpft und gelößt, es wurde gut vorgestellt —

Pr. War es auch gut gewählt?

Ich. Davon kann ich nicht urtheilen. Das nur kann ich sagen, daß ich dieß Stück, bey
einer

einer so wichtigen Veranlassung, nicht gewählt hätte.

Pr. Und wenn du hättest wählen sollen, auf welches Stück würde wohl deine Wahl gefallen seyn?

Ich. Wenn Ew. Durchlaucht meinen Werth nach der Belesenheit in Schauspielen beurtheilen wollen: so besorge ich, das Urtheil würde sehr unangenehm für mich ausfallen. Ich muß Ihnen gestehen, daß ich, so lange ich lebe, kaum sechs Schauspiele gelesen habe. Mein Rollow pflegte immer zu sagen, wenn ein Mädchen zu seiner künftigen Bestimmung sich zubereiten wolle: so habe es weit wichtigere Dinge zu thun, und weit wichtigere Sachen zu lesen. Das Lesen der Schauspiele und der mehresten Romane, gehöre nur für Frauenzimmer, die Langeweile hätten, und Langeweile dürfe ein Frauenzimmer, das seiner Bestimmung gemäß lebte, nie haben. Ueberhaupt glaube ich, daß noch gar kein Schauspiel da sey, das, an eines bestimmten Fürsten Geburtstage, zweckmäßig aufgeführt werden könne.

Prin

Pr. Da dürfte also auch keines gespielt werden?

Ich. Wenn Ew. Durchlaucht erlauben, so will ich darüber meine Meynung sagen. Es sollte, wie ich glaube, für jeden Geburtstag eines so würdigen Fürsten, immer ein besonderes Schauspiel verfertigt werden.

Pr. Und das Sujet dazu?

Ich. Das schiklichste scheint mir die Vorstellung der edelsten Thaten zu seyn, die der Fürst in dem geendigten Jahre vollbrachte. Dieß wäre in meinen Augen ein sehr schickliches Mittel, sowohl den Eifer des Fürsten für das Gute, als die Liebe und Dankbarkeit der Unterthanen, gegen ihn zu nähren.

Pr. Solche Schauspiele mag es wohl in Trakimor geben — in Deutschland sind sie nicht gewöhnlich. So lange noch an unsern Höfen der Ton herrscht, den Ludewig der vierzehnte angab, der von Schmeicheley sich nährte, und durch die Ausschweifungen seiner Wollust, Eitelkeit und seines Ehrgeizes, Millionen unglücklich machte, seinem Reiche eine unermeßliche Schuldendenlast aufbürdete, und Menschenblut, wie Wasser vergoß, so lange überhaupt Frankreich noch das Muster ist, nach dem die Deutschen sich bilden: so lange hat man für so etwas keinen Sinn.

Sobald das französische Joch abgeschüttelt ist, und der Deutsche seine eigene Kraft wieder zu fühlen, und mit seinem eignen Verstande zu wirken anfängt: wird so etwas möglich seyn. Der Deutsche hat fast immer ein angebohrnes Gefühl für das wirklich Gute, Große, Wahre und Schöne, aber, sobald er sich nach dem Geschmacke anderer Nationen bilden will, ist er weiter nichts als ein Affe.

Schlaf wohl liebe Schwätzerin!

Schlaf du auch wohl, beste Schwester, und schreibe bald angenehmere Nachrichten

Deiner

treuen Schwester
Caroline.

Neunter Brief.

Der Oberste von Brav an Carln.

Holdersleben, den 18. Merz.

Lieber Carl!

Ob es gleich etwas lang ist, daß ich dir nicht geschrieben habe: so bin ich doch für dich nicht unthätig gewesen.

Gleich nach Absendung meines letztern Briefs ritt ich aus, um deine Mutter aufzusuchen. Ich fand sie zu Carmin, und brachte, nach verschiedenen gleichgültigen Gesprächen, die Rede auf dich und deine Verbindung mit Henrietten.

So schlau sie mir auch anfänglich auszuweichen suchte: so verrieth sie sich doch am Ende, brach gegen dich in eine Menge unanständiger Reden aus, und ließ es nur allzudeutlich merken, daß sie gegen dich einen geheimen Plan entworfen habe.

Ich fragte, ob sie etwas Uebels von ihr gehört habe? Sie konnte aber nichts gründliches, nichts vorbringen, das nur einige Aufmerksamkeit verdient hätte. Das Resultat von allem, was sie vorbrachte, war — daß Henriette ein bürgerliches Mädchen wäre, und daß sie es nie zugeben würde, daß in ihre Familie bürgerliches Blut käme. Wolltest du sie zur Maitresse nehmen, wolltest du dir zehn Maitressen halten: so hätte sie dagegen gar nichts, und ihre Landgüter sollten ihnen allezeit offen stehen, wenn es etwa, gewisser Ursachen wegen, nöthig wäre, daß sie eine Zeitlang verborgen blieben. Nur eine Mesalliance könne sie nie, nie zugeben, das wäre gegen die Natur.

So herzlich lieb es mir also auch gewesen wäre, wenn du deine künftige Gehülfin aus der Hand deiner Mutter hättest bekommen können, so kann ich dir doch nicht rathen, daß du dich darum bewerbest, weil ich gewiß weiß, daß dieß nie geschehen wird.

Mit dem Munde hast du ihre Einwilligung. Diese nimm an, als wenn sie von Herzen gegangen wäre! Rede mit deiner lieben Braut ab,

wenn

wenn wohl die Trauung am schicklichsten vor sich gehen könne, dann melde es mir, und laß mich für das Uebrige sorgen!

Vor der Hand muß ich dir aber doch melden, daß deine Mutter, da ich ihr etwas trotzig sagte: Die Heyrath wird aber doch vor sich gehen! wie eine Furie aufsprang, und sagte: wenn er schlechterdings auf seinem Kopfe besteht, so gebe ich ihm meinen mütterlichen Fluch mit, und bete, so lang ich beten kann, daß es ihm Gott nicht wohl gehen lasse.

Da ich nun weiß, daß du Religion hast, und also sehr beunruhiget werden könntest, wenn du diesen mütterlichen Fluch hören solltest: so halte ich es doch für nöthig, dir meine Gedanken zu sagen.

Ueber den Fluch der Eltern.

Nach dem, was mein alter grauer Officierskopf über den Fluch der Eltern gedacht hat, kommt es mir vor, als wenn sich der Eltern Fluch, zur christlichen Religion, gerade so reime, wie die

Beschneidung. Zu den Zeiten des alten Bundes beschnitt man die Kinder und fluchte ihnen, wenn sie nicht so waren wie man wünschte. Der aber die Beschneidung aufhob, untersagte auch allen Fluch, folglich auch den Fluch der Eltern, indem er seine Nachfolger ermahnte: segnet die euch fluchen. Ein Christ also, der seinem Feinde flucht, noch mehr, der seinen Kindern flucht, ist so etwas sich selbst widersprechendes, als ein Christ, der sich beschneiden läßt.

Hat je ein Vater Ursache gehabt, seinem Kinde zu fluchen, so bin ich es gewiß. Mein unglücklicher Sohn! ach bester Carl! er vergaß alle meine Lehren, die ich ihm, bey seinem Abschiede von mir, und hernach in meinen Briefen gab! er folgte seinen Lüsten, und bösen Buben, und zerstörte die Kräfte, die er von mir, und seiner guten Mutter ererbt hatte! Hätte ich meinem Affekte gefolgt — wahrhaftig, ich hätte ihn verflucht. Aber da ich so ganz ausser Fassung war, schlug ich das neue Testament auf, und fand die Stelle: segnet die euch fluchen, bittet für die, die euch beleidigen und verfolgen! Diese Stelle stimmte mich ganz um. Dein Sohn,

dach-

dachte ich, hat dich nicht verfolgt, dir nicht geflucht — und du wolltest ihm fluchen?

Von dieser Zeit an fieng ich an, für ihn zu beten. In jedem Morgen- und Abendgebete denke ich seiner, und rufe Gott an, daß er sich seiner erbarmen, und ihn von seiner Verirrung zurückbringen möge.

Seitdem ich dieses thue, befinde ich mich ungleich besser, und fühle auch ungleich mehr Neigung, den unglücklichen Menschen gelinde zu behandeln. Seit diesem Zeitpunkte ist mir aber auch jedes abscheulich, das seine Kinder verflucht. Wir dulden es ja nicht mehr, daß man den Türken fluche, und christliche Eltern sollten ihren Kindern fluchen? Wenn das gelten sollte, wenn wir noch eben so, wie ein unaufgeklärter Jude, zu Moses Zeiten handelte, handeln wollten, so begreife ich doch wirklich nicht, wozu alle die Bemühungen und Arbeiten, die man seit Christi Geburt, zur Verbesserung der Menschen, übernommen hat, genützt haben?

Etwas unangenehmes bleibt es aber doch immer, von andern, am mehresten, von Eltern verflucht zu werden.

Nach meiner Meynung kommt alles darauf an, daß jedes Kind, welches das traurige Schicksal hat, von seinen eignen Eltern verflucht zu werden, in sich selbst zurück gehe und sich frage: hast du diesen Fluch wohl verdienet?

Jedes Kind, das seine Eltern vorsetzlich beleidigt, sie zu kränken sucht, ihren Befehlen aus Eigensinn, durch Betäubung, die von seinen Lüsten herrührt, ungehorsam ist, ihnen Unterstützung, bey Mangel und Kraftlosigkeit, versagt, hat Ursache, über der Eltern Fluch zu erschrekken. Ein liebloses, beleidigendes, Betragen gegen Personen, die uns die erste Wohlthat — das Leben — gaben, ist großer Undank, und dem wirklich Undankbaren, kann es nicht wohl gehen.

Ganz eine andere Sache ist es aber, wenn ein Kind deswegen von seinen Eltern verflucht wird, weil es Forderungen nicht eingehen will, die es nach seinem Gewissen nicht eingehen kann. Denn so viel ich einsehe, ist doch das Gewissen eines jeden eigentlich das, wornach Gott uns richten wird. Sollte nun ein Kind, bey dem das Gewissen sein Amt zu thun anfängt,

über=

überzeugt ſeyn, daß es dieſen oder jenen Schritt zu thun verbunden ſey, und daß es Unrecht thue, wenn es denſelben unterlaſſe: ſo glaube ich, daß es ihn unternehmen müſſe, wenn es auch von ſeinen Eltern in den Bann gethan würde. Dieß ſcheint mir Jeſus mit den Worten anzuzeigen: Wer Vater oder Mutter mehr liebt, als mich, der iſt mein nicht werth. Ich bin kein Gelehrter, und kann dir es nicht ſo recht deutlich machen. Mir kommt es aber ſo vor, als wenn dieſes der rechte Verſtand dieſer Worte wäre.

Nun laß uns doch überlegen, ob du mit recht gutem Gewiſſen, deiner Mutter Willen zuwider, deine Henriette ehelichen kannſt?

Warum willſt du nun unter den Millionen Mädchen, die auf Erden ſind gerade Henrietten wählen? (Erlaube mir, daß ich in deine Seele antworten darf.)

Ich habe auf Gottes Erdboden kein Mädchen geſehen, das ich ſo lieb hätte — als Henrietten!

Ich. Recht ſehr gut, lieber Carl; ich bin ſehr dafür, daß man, wo möglich, die Perſon zu ſeiner Gattin wählt, die man am liebſten hat.

hat. — Aber die Liebe darf bey weiten nicht allein unsere Wahl leiten. Sie ist fast immer blind. Ich habe oft bey meinen Officieren, wann ich sie außerordentlich verliebt fand, bey einem Glase Wein, den eigentlichen Grund von der Heftigkeit ihrer Liebe zu erforschen gesucht, und gar besondere Entdeckungen gemacht. Einer war sterblich in ein Mädchen verliebt, und warum? weil sie so artig lispelte. Ein anderer, war durch den kleinen Fuß, seiner, wie er sich ausdrückte, Göttin bezaubert, ein dritter durch das Grübchen im Backen u. s. w. Da aber doch das Lispeln, der kleine Fuß, das Grübchen im Backen, und tausend Sachen der Art mehr, das gar nicht sind, was den Mann bey seinen Geschäften aufheitern, seine Haushaltung führen, und seine Kinder erziehen kann: so siehst du wohl, daß die Liebe, der sinnliche Trieb zu einem Mädchen, bey der Verheyrathung, die Stimme nicht allein haben darf.

Du. Aber meine Liebe ist vernünftig.

Ich. Wohl! so beweise es!

Du. Mein Mädchen ist so gesund — so schlank — so frey von allen körperlichen Gebrechen — hat nie eine Schnürbrust getragen.

Ich.

Ich. Das läßt sich schon eher hören. So heilig auch die Pflicht ist, den kranken Ehegatten zu warten und zu pflegen: so halte ich es doch für sehr widersinnig, wenn man sich mit einer Person verbindet, von der man vorher weiß, daß sie ungesund oder gebrechlich sey. Man heyrathet doch, um Kinder, und, wenn man vernünftig ist, um gesunde Kinder zu erzeugen. Wie kann man aber gesunde Kinder von ungesunden Eltern erwarten? daß deine Henriette nie eine Schnürbrust trug, ist mir auch lieb. Wer den Zweck der Ehe erreichen will, sollte sich nie mit einem geschnürten Frauenzimmer verbinden.

Aber es giebt der gesunden, ungeschnürten Mädchen so viele — warum grade Henrietten gewählt?

Du. Sie hat so einen gesunden, geraden, Verstand; so ein redliches, theilnehmendes Herz, ist über alle Eitelkeit ganz erhoben.

Ich. Das klingt noch besser. Denn mit einer eiteln Thörinn, mit einer falschen, boshaften Frau, kann ein vernünftiger Mann nie vergnügt leben. Wenn eine Frau auch weiter keinen Fehler, als diesen hätte, daß sie eitel wäre:

wäre: so machte sie schon dieser zu einer glücklichen Ehe ganz unfähig: weil eine eitele Frau allem, was männlich ist, mehr, als ihrem eigenen Manne zu gefallen sucht.

Wie steht es mit der Arbeitsamkeit, und mit Führung der Haushaltung?

Du. Nie sah ich sie müßig. Ihres Vaters Haushaltung erhält sie allein in der besten Ordnung.

Ich. Vortreflich! Hat sie auch viel gelesen?

Du. Sehr wenig.

Ich. Desto besser! das viele Lesen verderbt den Charakter der Weiber sehr oft, und zieht sie von ihren Berufsgeschäften ab.

Ich muß dir also, lieber Carl! sagen, daß du sehr gut gewählet habest, und daß dein Gewissen Dich verbinde, keine andere, als Henrietten, zu ehelichen: weil ich zweifele, daß Du leicht ein Mädchen wieder finden werdest, in deren Person so vieles vereinigt wäre, was zu einer glücklichen Ehe Hoffnung macht. Was ich in Deine Seele gesagt habe, erfuhr ich nicht blos von Dir! der Verliebte hat, bey Beurtheilung seines Mädchens, in meinen Augen, keine Stimme: weil er

immer

immer die guten Eigenschaften desselben durch das Vergrößerungsglas sieht, und an ihm gar viele gute Seiten bemerkt, die den Augen anderer ehrlichen Leute verborgen bleiben. Ich weiß es vielmehr, durch eine geheime Correspondenz, die ich, seitdem ich dich in Grünau besuchte, mit einigen unpartheyischen Personen, die beständig Gelegenheit hatten, Henrietten zu beobachten, geführt habe.

Und was ist's, das deine Mutter gegen die Verbindung mit diesem liebenswürdigen Mädchen einwendet? nichts als — daß sie nicht von Adel sey.

Daß Du mir giengst mit Deinem Adel!

Ich will es Dir zwar vorhersagen, daß Du das gute Mädchen mancherley Spöttereyen aussetzen würdest, wenn Du es bey Hofe, oder auch nur in adelichen Gesellschaften, produciren wolltest: aber das ist desto besser für Dich und Deine künftige Frau. Dadurch werdet Ihr in die Nothwendigkeit gesetzt, euch zurück zu ziehen, und nicht für den Hof und für die Welt, sondern für Euch — für Eure Familie, und für Euer Dorf zu leben. Die Entfernung von Assembleen, Concerten,

certen, Bällen, Maskeraden u. d. gl. wird euch Leutchen nöthigen, Freuden aus euch selbst zu hohlen, und um euch herum zu verbreiten; und das wird eine gar herrliche Sache werden!

Ich glaube immer, wer vergnügt leben, Gutes stiften, und häusliche Freuden genießen will, muß sich vom großen Schwarme zurückziehen, der wenig denkt, und viel schwätzt, der nichts thut, und über alle lacht, witzelt und spöttelt, die sich angelegen seyn lassen, etwas von Wichtigkeit zu Stande zu bringen.

Mache Anstalt, lieber Carl, daß Du Deinem Ziele näher kommest, daß ich die Freude habe, Deine liebe Henriette, als Cousine in meine Arme zu schließen, und zu sehen, daß Du Deine Bauern recht vernünftig und glücklich machest. Was ich dazu beytragen kann, will ich gerne thun, und was wir beyde nicht wissen, soll uns Wenzel und Rollow sagen.

Laß dann Deine Mutter Dich verfluchen! Ihr Fluch wird Dich nicht treffen, so lange Du Recht thust, und Dich hütest, sie zu beleidigen. Wenn sie gegen Dich betet: so wissen wir ja, daß Gott die Sünder nicht höre.

Schrei-

Schreibe mir bald, lieber Carl! ich sehe der Entwickelung des Knotens sehnlich entgegen.

Ewig bin ich

Dein

Dich liebender
Brav.

Zehnter Brief.

Der Oberste von Brav an die Frau Majorin von Carlsberg.

Holdersleben, d. 20. März.

Schwester!

Du hast meine Geduld aufs höchste gespannt — sie ist nun zerrissen. Ich habe bisher alles gethan, und vorgestellt, was ich thun und vorstellen konnte, und es hat nichts gefruchtet. Für Menschenglück hast Du kein Gefühl. Du kennst kein höheres Glück — als den Adel. Das kommt vermuthlich daher, weil Du nichts an Dir hast, worauf

worauf Du stolz seyn könnteſt, als das, was Dir
Deine Vorfahren auferbten — den Adel.

Der Adeliche, der eigene Verdienſte hat, bringt
ſeinen Stand nie in ſo hohen Anſchlag, wie Du
thuſt. Er benutzt die Vorzüge, die ihm durch
die Geburt zugeſtanden wurden, aber er iſt nicht
ſtolz darauf, und ſucht ſich derſelben, durch Ver=
größerung ſeiner perſönlichen Verdienſte, immer
würdiger zu machen.

Dieß habe ich Dir tauſendmal ſchon geſagt
und geſchrieben, ohne daß es das geringſte ge=
fruchtet hätte. Du zwingſt mich alſo dazu, Dir,
ein für allemal, den Mund zu ſtopfen, und Dich
an Etwas zu erinnern, wovon Du vielleicht
glaubſt, daß ich es vergeſſen habe.

Denkſt Du denn gar nicht mehr daran, daß
Du Carln empfiengſt, als Dein Mann zu Felde
lag? gar nicht an den lamentablen Brief, in
dem Du mich bateſt, Dir einige Reuter von mei=
nem Freycorps zu ſchicken, die Dich zu Deinem
Manne begleiteten? Erinnerſt Du Dich nicht
mehr, daß ich, bey einem Glaſe Wein, Dir
das Geſtändniß ablockte, Du ſeyſt von Deinem
Secretär ſchwanger?

Wenn

Wenn Dein Abscheu gegen bürgerliches Blut so groß ist, warum ließest Du Dich denn mit Deinem Secretär in eine so große Vertraulichkeit ein?

Auf so mißlichen Gründen beruhen unsere adelichen Stammbäume! Es wird dabey immer die unerwießne Voraussetzung zum Grunde gelegt, daß alle unsere Stammütter, ihren Männern getreu waren. Unser Ahnherr ist, wie Du weißt, Clas von Brav. Wenn aber nur eine unserer Stammütter ihrem Manne so ungetreu gewesen ist, wie Du dem Deinigen warest: so ist es ja gar nicht wahr, daß wir vom Clas von Brav abstammen; und unser ganzer Adel ist — eine Lüge.

Kurz von der Sache zu kommen! bist Du ruhig, und legst der Verbindung Carls mit Henrietten keine Hindernisse in den Weg: so bleibt die Sache ewig verschwiegen, und ich mache Dir deswegen nie wieder Vorwürfe; Bleibst Du aber auf Deinem Kopfe, läßt Du merken, daß Du gegen Carln die geringste Cabale spielst: so gebe ich Dir mein Ehrenwort, daß Carl das ganze Geheimniß erfahren soll, damit er Dich, Deinen

nen Fluch und dein Gebet desto mehr verach=
ten könne. Wähle was Du willst!

Ich bin

Dein

Bruder

von Brav.

Eilfter Brief.
Carl an Henrietten.

Carlsberg, d. 23. März.

Meine Herzlichgeliebte!

Was muß ich doch gesündigt haben, daß sich
alles gegen mich vereinigt, und das Glück, Sie
zu umarmen, und von meiner lebenslangen Treue
zu versichern, immer weiter von mir entfernt!

Ich suchte Sie in Kolbingen auf — o wie
schlug mir das Herz, da ich den Kolbingischen
Thurm erblickte, wie mußte mein Pferd traben!
voller Ungeduld stürzte ich in ihr Haus und —

fand

fand Sie nicht. Stellen Sie sich vor, meine Beste! wie viel ich bey der Nachricht, daß Sie abwesend wären, leiden mußte! setzen Sie hierzu noch dieses, daß mich, wie Sie nun wohl wissen werden, dazumal die entsetzliche Besorgniß peinigte, als wären Sie mir entführt worden! So bedauern Sie mich gewiß!

Aber meine Leiden waren noch nicht geendigt! Da Sie ihre Zurückkunft verzögerten, eilte ich mit der Hoffnung nach Hause, Sie auf dem Wege zu finden — fand Sie nicht — erhielt bey meiner Ankunft die Nachricht, Sie wären auf meinem Landgute gewesen, hätten da mich erwartet — hätten da übernachtet. — Stellen Sie sich, edles Mädchen! an meine Stelle! wenn Sie auch nicht glauben können, daß, seit der Zeit ich Sie und Ihren ganzen liebenswürdigen Charakter habe kennen lernen, ich ganz für Sie gelebt, und kein anderes Glück, als — Sie zu besitzen, gekannt; wenn Sie nur glauben, daß ich Sie rechtschaffen geliebt habe: so fühlen Sie mir gewiß nach, wieviel ich, bey dem Zusammentreffen so vieler unangenehmen Umstände, habe leiden müssen.

Heute aber werde ich durch einen Brief von Ihrem guten Vetter Rollow fast aus aller Fassung gebracht. Wie? Sie glauben ich wäre Ihnen nicht getreu? Ich theilte meine Liebe mit andern Mädchen? Henriette! das glauben Sie von Ihrem Carl? Erinnern Sie sich nicht, daß Sie schon mehrmahl solchen Verdacht gegen ihn gehabt, und ihn bereuet haben?

Sie werden die Vorwürfe, die Sie mir gemacht haben, wieder bereuen müssen, und das soll denn Ihre Strafe seyn!

Ich hoffe, daß Sie schon itzo einsehen werden, wie ungegründet Ihr Verdacht gewesen sey: da Sie, von Ihrem Herrn Vater und Herrn Vetter, die Ursache meiner Abwesenheit und den Ort meines Aufenthalts werden erfahren haben. Um Sie aber noch mehr zu beruhigen, versichre ich Sie, daß das Mädchen, dessen Aufenthalt auf meinem Gute, bey Ihnen Verdacht gegen mich erregte, eine Unglückliche sey, die zu meinem Landgute ihre Zuflucht nahm, die ich ihr nicht versagen konnte, ohne ein Unchrist, ein Barbar zu seyn. Während meiner Abwesenheit ist sie abgeholt, und — wie ich nunmehro weiß — entführt worden.

Die

Die Pflicht, die ich ihr, als einer, von aller Welt verlaßnen, schuldig bin, hält mich zurück, daß ich nicht sogleich selbst zu Ihnen eile und — Verzeihung hole.

Es wird nach einigen Tagen gewiß geschehen. Dann erwarte ich aber, daß mir mein Henrietchen nicht mit finsterer Stirn, auf dem Argwohn nistet, sondern mit dem offnen, herzlichen Gesichte entgegen komme, das ich sahe, als ich Sie einmal auf Ihrem Gartenhäuschen sprach. Ich bin zu unschuldig, als daß ich dieses nicht mit Gewißheit erwarten dürfte.

Seit einiger Zeit scheint überhaupt der gute Gott mich zu einem Werkzeuge zu machen, durch welches er die Elenden retten will.

Statt des unglücklichen Mädchens, dem ich, auf meinem Landgute, eine Zuflucht gegönnt hatte, fand ich bey meiner Zurückkunft einen armen, ehrlichen, geflüchteten, Crolauischen Soldaten, mit seiner Familie bey mir, dessen Versorgung mir durch die Prinzessinn von Ritterstadt war empfohlen worden. Wäre er auch weniger unglücklich gewesen: so würde ich mich doch seiner, nach meinem besten Vermögen, annehmen, da ich weiß, daß er mir nicht würde seyn empfohlen worden, wenn ich nicht das Glück hätte Ihnen, und durch Sie der würdigen Princessin Kunigunde bekannt zu seyn. Alles, was auf die entfernteste Art von meiner Henriette kommt, ist mir angenehm.

Itzo könnte ich meinen Brief schließen. Aber jede Unterhaltung mit Ihnen ist mir so angenehm daß es mir große Ueberwindung kostet, sie abzubrechen. Um also die Freude mit Ihnen zu plaudern, noch eine halbe Stunde genießen zu können, liefere ich Ihnen die Beschreibung eines Abentheuers, das ich, auf meiner Rückreise von Koldingen, bestanden habe.

In der Dämmerung kam ich bey Carlsberg an, und entdeckte, einige Schritte vom Wege, eine menschliche Gestalt, die sich an einen Baum gelehnt hatte. Ich ritt nach dem Baume zu und fragte: wer ist hier?

Er. Ein Mensch!

Ich. Das sehe ich wohl. Aber ich will wissen, was für ein Mensch hier sey?

Er. Haben Sie ein Recht darnach zu fragen?

Ich. Allerdings! Ich bin der Herr dieses Dorfs, und des Platzes, auf dem er steht. Wer ist er? kurz geantwortet!

Er.

E. Ein unglücklicher Mensch.

J. Das ist mir leid! Worinne besteht sein Unglück?

E. Aus was für Grunde fragen Sie darnach?

J. Um ihm zu helfen.

E. So! um Verzeihung! Was für eine Religion haben Sie?

J. Ich bin ein Christ!

E. Ein Christ? nun da bitte ich Sie sehr, daß Sie weiter reuten, und mich nicht mit mehreren Fragen beunruhigen. Sie können mich visitiren, und Sie werden finden, daß ich ganz wehrlos bin, und Sie von mir nichts zu besorgen haben. Wollen Sie mich aber arretiren lassen, so bin ich in Ihrer Gewalt.

J. Ohne die dringendeste Noth lasse ich niemanden arretiren. Aber wissen muß ich doch, was er hier, in der Dämmerung, auf freyem Felde zu thun habe?

E. Ich will hier übernachten.

J. Auf freyem Felde? Bey dieser Kälte? Er ist ja in Gefahr umzukommen!

E. Desto besser für mich! so bin ich doch meine Plage mit einemmale los.

Ich. So spricht kein vernünftiger Mensch! folge er mir in das Wirthshaus!

Er. Ins Wirthshaus? was soll ich da thun?

Ich. Sich erquicken, und auf einem weichen Lager ruhen.

Er. Ohne Geld?

Ich. Also hat er kein Geld? Aber ich habe Geld, und wäre nicht werth ein Christ zu heißen, wenn ich nicht alles für ihn bezahlte, was ihm die Beherbergung in dieser Nacht kostet.

Er. Mein Herr Ihre Worte klingen süße, aber —

Ich. Was für ein Aber? frey herausgesprochen?

Er. Aber wenn ich Ihnen sage wer ich bin, so werden Sie gewiß aus einem andern Tone mit mir sprechen.

Ich. Doch ein ehrlicher Mann?

Er. Gelobt sey Gott! das zu seyn habe ich mich immer beflissen, so lange ich lebe. Aber ich bin ein Jude.

Ich. Ein Jude?

Er.

Er. (Heftig) Ja der bin ich, und ich wäre ein Schurke, wenn ich meinen Glauben verleugnen wollte.

Ich. Und er glaubt, daß ich mich deswegen, weil er ein Jude ist, seiner nicht annehmen würde? Mann was spricht er hier! liebt der Christ nicht alles, was Mensch ist?

Er. So müßte in Carlsberg eine besondere Art von Christen wohnen.

Ich. Die wohnet hier! Er folgt mir sogleich!

Mit einem tiefen Seufzer erhob er sich und wankte neben mir her. Ich rieth ihm den Steigbügel des Pferdes zu fassen, und sich dadurch einige Erleichterung zu verschaffen; allein so langsam ich auch ritt: so klagte er doch, daß er nicht vermögend wäre, mir nach zu kommen. Ich mußte mich also entschließen, ihn vor mich auf das Pferd zu nehmen. In diesem Aufzuge kamen wir, nach einer halben Viertelstunde, auf meinem Gute an.

Fortsetzung.

Einen Juden zu bewirthen, ist immer eine bedenkliche Sache. Man mag ihm vorsetzen, was man will, so hat er immer dabey seine Gewissensscrupel.

Sobald ich also, mit meinem Juden, auf meinem Zimmer angekommen, und durch seinen freyen, offnen Blick, und seinen Anzug überzeuget worden war, daß er ein rechtschaffener Mann, und kein gemeiner Jude, sey, faßte ich seine rechte Hand fest, sahe ihm in die Augen und fragte: was wollen Sie essen? was wollen Sie trinken?

Er. Was den Hunger und was den Durst stillt.

Ich. Wenn ich Ihnen aber Speisen vortrage, die Ihnen Ihre Gesetze zu genießen verbieten.

Er. Ich bin über Speisegesetze weit hinaus.

Sogleich gab ich Befehl, daß mein Tisch mit der mir gewöhnlichen, frugalen, Kost besetzt würde.

Mein Jude aß alles mit, sogar Schinken ohne ein Wort zu sprechen. Der Hunger schien ihm die Sprache benommen zu haben.

Sobald dieser gestillet war, und er das erste Glas Wein genossen hatte, brachte er, mit nas-

sen

fen Augen, meine Hand, und sagte: Gott vergelte es Ihnen! Sie haben mein Leben gerettet!

Ich. Darf ich denn aber nicht wissen, durch welches Unglück Sie in die Gefahr, zu verhungern, gekommen sind?

Er. Das kann ich Ihnen alles sagen. Wir armen Leute sind die einzigen in ganz Europa, denen die Rechte der Menschheit entrissen sind.

Ich. Leider wahr!

Er. (Indem er wieder ein Glas Wein trank.) Jeder Schurke, jeder pflichtvergeßne Mensch, wenn ihm in seiner Jugend nur dreymal Wasser über den Kopf ist gegossen worden, kann Bürger werden, kann ein Geschäft treiben, wozu er die mehreste Lust und Geschicklichkeit hat. Und wir — wir werden als Unmenschen behandelt. In den mehresten deutschen Ländern ist uns der Platz abgesteckt, wo wir wohnen dürfen, wie wenn wir von der Pest angesteckt wären! und zur Erhaltung unsers Lebens, erlaubt man uns kein anderes Geschäft, als Handlung. Stellen Sie sich vor; mein Herr, hundert bis fünf hundert

Familien in einem kleinen Fürstenthume, die weiter gar keinen Nahrungszweig haben, als die
Handlungen, müssen diese nicht Tag und Nacht
auf Mittel raffiniren, ihren Waaren einen glän-
zenden Anstrich zu geben, sie im Preiße zu er-
höhen? oder daß ichs kurz sage, müssen sie, um
mit ihren Familien nicht zu verhungern, nicht
Betrüger werden?

Ich. Alles wahr!

Er. Dagegen müssen wir für die Berau-
bung der Rechte, die uns, als Menschen, zukom-
men auch weit mehr zahlen, als andere, denen
Wasser auf den Kopf gegossen ist, für den Schutz
den sie genießen. Herr! ich sehe aus allem Ihren Betragen, daß Sie ein braver Mann sind,
daß ich also ganz frey mit Ihnen sprechen darf?

Ich. Das können Sie ohne alle Furcht!

Er. Meynen Sie nun nicht, daß es kränken muß, wenn ein ehrlicher Mann, der so gut,
als ein andrer, fühlt, daß er auf der Erde von
Gott das Bürgerrecht erhalten habe, Zoll bezahlen muß?

Ich. Ei nothwendig muß dieß kränken.
Aber ich höre doch, daß unsere deutschen Fürsten

den

den Anfang machen, diese, die Menschheit entehrende, Abgabe abzuschaffen.

Er. In den Provinzen, durch welche ich reiste, habe ich noch keine Abschaffung bemerkt. Wenigstens zwölfmal habe ich mich verzollen müssen, wie wenn ich ein Rind, eine Sau wäre. So lange diese Einrichtung nicht abgeschaft ist, so sagen Sie mir nichts von Aufklärung! Das ist ja Barbarey! In einem Staate, wo nicht Unverstand, wo Vernunft regiert, muß schlechterdings jeder rechtschaffene Mann, er sey Bürger oder Reisender, glaube was er wolle, wenn er nur ein rechtschaffener Mann ist, geschützt werden. Keinem darf man wegen seiner besondern Religionsmeynung Zoll abfordern.

J. Das leugne ich gar nicht ab. Wenn jede besondere Meynung verzollet werden sollte, so bekäme jeder Zolleinnehmer eine Tabelle, von wenigstens funfzig Rubriken, eine für Glauben an Geisterbeschwörung, die andere für Glauben an Magnetismus, die dritte für Glauben an Goldmacherey, die vierte für Atheismus, Materialismus u. d. gl. Aber lieber Mann! bey Ihnen kommt es nicht blos auf Meynungen, son-

dern

dern auch auf Lebensart an. Bedenken Sie nur Ihren Sabbath!

E. Nu? was ists damit?

J. Jeden Sabbath sind die Juden für die menschliche Gesellschaft gleichsam erstorben, sind, daß ichs aufrichtig sage, faule, unnütze Glieder des Staats.

E. Und ist der Schade davon nicht auf unserer Seite? Werden wir durch dieses Joch nicht um den siebenden Theil unserer Lebenszeit gebracht, und in Unthätigkeit erhalten? dafür sollen wir noch Zoll geben? Nehmen Sie mir nicht übel! Bey Ihnen wimmelt es von Menschen, deren ganzes Leben ein Sabbath ist, und die dieses ewigen Sabbaths wegen noch von allen Abgaben befreyet werden.

J. Und Ihre Speisegesetze!

E. Was schaden sie dem Staate? Wenn ich das Gelübde thäte mein Lebelang nichts als Gemüse zu essen, wem verschlägt dieß etwas? Mir schadet es, weil ich dadurch von vielen gesellschaftlichen Vergnügungen ausgeschlossen werde, aber andern nicht. Warum soll ich denn

dafür

dafür Zoll geben? Giebt es doch unter ihnen Secten, die weit strengere Speisegesetze, als wir, haben, die ihr Lebelang kein Fleisch geniessen dürfen, und denen man doch keinen Zoll abfordert.

J. Aber das schlimmste ist, daß sich, wenn ich auch alles übrige bey Seite setze, Ihre Nation zu keiner Arbeit verstehen will. Studiren, Handlung und einige Künste, das ist alles, worauf sie sich einlassen.

E. Und wer ist daran Ursache?

J. Doch wohl Sie.

E. Ich bitte um Verzeihung! die Christen sind daran Ursache! Seit Jahrhunderten, Gott verzeihe es ihnen! ist uns das Recht, Aecker zu besitzen, Handwerke und andere bürgerliche Geschäfte zu treiben, entrissen gewesen. Wir sind als Sclaven behandelt worden. Ist es denn, unter solchen Umständen, ein Wunder, wenn wir Sclavensinn bekommen haben? wenn bey dem größern Theile alle Begierde zum Aufstreben erstickt worden ist? Wenn die Lust zur Arbeit bey einer Nation sich nicht sogleich zeigt, die, seit Jahrhunderten, zum Müßiggange verdammt war?

J. Es

J. Es ist zu bedauern! Sie und ich können die Sache nicht ändern! trösten Sie sich mit den Aussichten in die Zukunft. Jeder Schriftsteller, von Kopf und Herzen, vertheidigt doch Ihre Rechte. Und fast alle unsere Fürsten fangen an ihren Ruhm darinne zu setzen, daß sie die Lasten mindern, die die Vorurtheile der vorigen Zeit ihren Unterthanen aufbürdeten.

E. Die Aussichten sind gut — so gut — so schön — so reitzend — wie die Aussichten, die ein Gefangner von seinem Bergschlosse, in eine reitzende Ebene hat. Wenn nur die Aussichten die Fesseln zerfräßen, die seine Knöchel wund reiben!

J. Wenn gute Aussichten auch des Gefangnen Fesseln nicht durchfressen, so machen sie sie ihm doch leichter.

Alle aufgeklärten Christen, und deren Zahl ist doch gewiß nicht gering, nähern sich doch ihnen, arbeiten daran, ihnen die Bürden, die sie bisher unschuldig tragen mußten, zu erleichtern, nach und nach ganz abzunehmen, und ihnen die Rechte der Menschheit wieder zu verschaffen, die ihnen der blinde Religionseifer der Vorwelt entrissen hat.

Mit

Mir kommt es aber immer vor, als wenn Ihre Nation gar keine Lust habe, sich uns zu nähern, gar kein Zutrauen zu uns hätte, und immer einen geheimen Haß gegen uns bey sich nährte.

E. Je das ist ja ganz ausgemacht. Die Aufgeklärten unter meiner Nation werden sich zwar nie so sehr erniedrigen, daß sie sich an einem Christen rächen sollten, sie werden sich freuen, wenn sie ihren Unterdrückern, so oft sie in Noth gerathen, beystehen können. Denn daß es unter uns brave, edeldenkende, Menschen gebe, das werden Sie wohl nicht ableugnen.

J. Das kann ja nicht abgeleugnet werden. Die Wohlthaten, die die Berliner Judenschaft den Abgebrannten in Neuruppin, wo sonst kein Jude übernachten durfte, erwiesen hat, bestätigen ja Ihre Behauptung vollkommen.

E. Mein lieber Herr! ähnliche Geschichten könnte ich Ihnen noch gar viele erzählen, wenn es nicht zu prahlerisch ließe.

Genug aber, jede Nation, jede Religionsparthey hat ihren gemeinen Mann, der immer den größten Theil ausmacht. Habe ich Recht oder Unrecht?

J. Voll-

J. Vollkommen Recht!

E. Wir haben also nothwendig auch unsern gemeinen Mann. Und dieser, das leugne ich nicht, hat immer gegen alles, was Christ heißt, einen geheimen Haß. Ist ihm dieses zu verargen? Ist der Unterdrucker nicht selbst die Ursache, wenn der Sclave ihn haßt? Mein? die Freyheit zu rauben? mit Abgaben, mit Zoll belästigen? Kann das Liebe erzeugen? Jeder Groschen, den wir Zoll erlegen müssen, reizt die Verbitterung aufs neue, dieß können wir nicht ändern.

Verzeihen Sie mir, mein Herr! wenn ich vielleicht zu freymüthig rede. Wenn der Christ dem Juden Gutes thut, was ist dieß sonderliches? der Beleidiger erquickt den Beleidigten unter den Leiden, die ihm größtentheils seine Landsleute zugefügt haben. Aber — wenn der Jude dem Christen Gutes thut — so — ich hoffe Sie nehmen mir es nicht übel — so erquickt der Beleidigte seinen Beleidiger.

J. Ihre Freymüthigkeit nehme ich Ihnen nicht übel, aber das muß ich Ihnen doch sagen, daß wir auch Grund haben, uns für den beleidigten Theil zu halten.

E. Sie?

E. Sie? für den beleidigten Theil zu halten? Je da bin ich doch begierig die Gründe zu hören.

J. Haben Ihre Vorfahren nicht Jesum, den Lehrer unserer heiligen, vortreflichen, Religion creutzigen lassen?

E. Was tausend, was gehen mich denn meine Vorfahren an? Wenn diese schlecht gehandelt, wenn diese einen rechtschaffnen Mann getödtet haben, was kann ich denn dazu? können Sie mir denn beweisen, daß meine Voreltern mit in das Bluturtheil stimmten? Können Sie mir denn darthun, daß Sie nicht von dem römischen Officiere abstammen, der Jesu die Dornencrone aufsetzen ließ?

J. Das kann ich freilich nicht.

E. Wenn nach achtzehn hundert Jahren die Nachkommen die Sünden der Voreltern tragen sollen, wie will es da den Christen gehen!

J. Wie so?

E. Wie so? unsere Vorfahren haben einen unschuldigen Jesus hinrichten lassen. Ihre Vorfahren, das heißt, die Christen, die vor Ihnen lebten, haben Millionen unschuldige Juden hingerichtet.

J. O schweigen Sie mir von diesen Greueln, die ich, wie Sie leicht glauben werden, von ganzem Herzen verabscheue.

E. Ei das glaube ich wohl, so wie Sie mir gewiß auch glauben werden, daß ich die Creutzigung Jesu herzlich verabscheue. Aber Sie bringen mich ja selbst dahin, daß ich frey reden muß. Hat man uns sonst nicht immer beschuldigt, daß wir die Christenkinder ermordeten? daß wir die Brunnen vergifteten, und unschuldige Menschen, wegen dieser unerwießnen Beschuldigung, ermordet?

J. Lassen Sie uns diesen verdrüßlichen Discurs abbrechen! Wenn unsere Vorfahren gegen ihre Nation barbarisch gehandelt haben: so müssen Sie mir doch zugestehen, daß ihre Nachkommen desto milder und duldsamer sind.

E. Gewissermasen! sie massacriren uns freilich nicht mehr! sie saugen uns nur nach und nach das Mark aus, daß wir langsam, vor Hunger und Kummer, dahin sterben müssen.

J. Sie sind, wie ich sehe, aufgebracht! Die Aussaugung des Marks muß doch so gar stark nicht seyn, weil es in allen Provinzen, wo

ih=

ihre Nation geduldet wird, Juden giebt, die sich ein ansehnliches Vermögen erwerben.

E. Einer vielleicht, an dessen Seite hundert andere verschmachten. Wir kommen aber auf eine Materie zu reden, die wir in einem Vierteljahre nicht erschöpfen, und, die wir beyde nicht abändern können. Erlauben Sie mir also, daß ich Ihnen, zum Beschluß, nur das harte Schicksal schildern darf, das mich selbst betroffen hat.

J. Dieß zu hören bin ich sehr begierig.

Fortsetzung.

E. Ich reise von Königsberg nach Wien, und entrichte meinen Zoll allenthalben, wo er mir abgefordert wird, pünctlich. In Carmin durchzähle ich meine Casse, und sehe ein, daß es beynahe unmöglich ist, damit Wien zu erreichen. Dieß macht mich traurig. Da ich aber in Carmin erfahre, daß es bis Wien verschiedne Oerter gebe, wo der Jude für die Erlaubniß die Nacht daselbst zu schlafen, einen Ducaten zahlen muß: so werde ich überzeugt, daß es schlechterdings unmöglich sey, mit meinem Gelde Wien zu erreichen.

Was thue ich also? Ich entschließe mich, meine Herkunft zu verleugnen, und mich für einen Christen auszugeben.

J. Und daran thaten Sie Unrecht. So lange man in einem Lande lebt oder reiset, muß man seine Gesetze befolgen, wenn sie auch ungerecht wären.

E. Alles wahr! Aber Noth hat kein Gesetz! Stehlen verbieten alle Gesetze. Wenn aber der Arme gar kein Mittel sieht, seinen Hunger zu stillen, dann ists ihm doch wohl erlaubt zu stehlen?

J. Bitten ist ihm noch immer erlaubt.

Er. Erlaubt freilich. Wenn er aber voraus sieht, daß ihm sein Bitten nichts helfen wird? wie da? In diesem Falle war ich. Ich sahe voraus, daß, wenn ich in der nächsten Stadt, wo es gewöhnlich ist, für die Erlaubniß zu übernachten, dem Juden einen Ducaten abzufordern, meinen Geldmangel vorschützen, und sagen würde: ich bin ein Jude — das gestehe ich — ich bin nach den Landesgesetzen verbunden, für die Erlaubniß hier zu übernachten, einen Ducaten zu bezahlen, das weiß ich! Aber ich muß nothwendig nach Wien reisen; und wenn ich diesen,

und

und mehrere, Ducaten bezahlen soll: so ist es mir unmöglich Wien zu erreichen; Ich beschwöre Sie daher, bey der allgemeinen Menschenliebe, die Jesus gelehret hat, daß Sie mir diesen Ducaten erlassen; ich sahe, sage ich voraus, daß mir alle meine Vorstellungen, meine Bitten, meine Beschwörungen gar nichts helfen, daß man mich verspotten und wie einen Zigeuner, zur Stadt hinaus werfen würde. Habe ich Unrecht?

J. O Mann! wie demüthigen Sie mich! Daß sich in jeder mittelmäßigen Stadt so viele Edele gefunden hätten, die willig gewesen wären, für Sie, wenn Sie ihre Noth erfahren, zusammen zu legen, getraue ich mir behaupten zu können. Daß aber nur ein Zolleinnehmer Ihnen die Abgabe würde erlassen haben, daran zweifle ich. Unsere Zolleinnehmer sind alle auf die pünktlichste Befolgung der Gesetze, keiner aber auf die Erweisung der christlichen Barmherzigkeit, angewiesen.

Er. Alles wahr! Können Sie mir es aber verdenken, wenn ich unter diesen Umständen meine Zuflucht zur Lügen nehme?

Ich. Ich gestehe, daß ich nicht weiß, was ich auf diese Frage antworten soll. Reden Sie weiter!

Er. In Kolchis verbarg ich also meine Herkunft — sie wurde verrathen — man setzte mich, wie einen Missethäter in Arrest — umsonst stellte ich meine Noth vor, umsonst bat ich, umsonst berief ich mich auf das neue Testament. Man verspottete mich, bemächtigte sich aller Effekten, die ich bey mir hatte, und setzte mich in die entsetzliche Nothwendigkeit, entweder zu verhungern, oder zu betteln, oder zu stehlen. Da ich nun zum Betteln, zu viel Stolz, zum Stehlen aber zu viel Ehrlichkeit habe: so entschloß ich mich, zu verhungern.

Ich. Schrecklicher Entschluß! Erlauben Sie mir aber nur eine Frage!

Er. Und die heißt?

Ich. Wenn ein Jude vollkommen von der Wahrheit und Göttlichkeit seiner Gesetze überzeugt ist, sie strenge befolgt, deswegen den Verlust seiner Güter, seiner Freyheit, seines Lebens selbst duldet, so ist er, in meinen Augen, so wenig ich auch Jude bin, ein sehr würdiger Mann. Jeder brave Mann muß nach seiner Ueberzeugung handeln, und sich durch keine Bedruckung, kein Gefängniß, keine Todesstrafe verleiten lassen, fen, gegen dieselbe etwas zu thun. Habe ich hierinne nicht Recht?

Er. Vollkommen Recht! Ich weiß aber schon, wohin Sie wollen. Belieben Sie weiter zu reden!

Ich. Wenn nun aber ein Jude den Ungrund seiner Gesetze einsieht, sie selbst übertritt, so wie Sie itzo thun, da Sie mit mir Schinken essen, und doch um dieser, von ihm übertretenen und verachteten Gesetze willen, sich die Rechte der Menschheit entreissen läßt: so ist mir dieses, ich gestehe es, unerklärbar.

Er. Ich will es Ihnen gleich erklären. Haben Sie nur erst die Gewogenheit, mir zu sagen, was ein Jude thun soll, der den Ungrund seiner Gesetze einsieht?

Ich. Die Antwort ist leicht — sich taufen lassen.

Er. Dazu bin ich gleich bereit. Lassen Sie, wenn Sie wollen, morgen Ihren Herrn Pfarrer bestellen, so lasse ich auch morgen die Taufe an mir vollziehen!

Ich.

Ich. Freund! Sie erscheinen mir itzo, in einem ganz andern Lichte.

Er. Wie so?

Ich. Weil Sie so leichtfertig einen so wichtigen Schritt thun wollen. Wenn ich die Taufe auch gar nicht als religiöse Handlung ansehen, wenn ich sie auch nur als Ceremonie betrachten will, wodurch der Jude bekennt, daß er aufhöre ein Jude zu seyn: so ist es doch fürwahr, kein Spiel, allen seinen vorigen Verbindungen, seinen Gesetzen, seiner Lebensart entsagen, und ganz andere Grundsätze anzunehmen, die man noch nicht geprüft hat.

Er. Noch nicht geprüft? O mein Herr! ich habe Ihr neues Testament oft gelesen, und über diesen Schritt lange nachgedacht. Wollen Sie mich taufen lassen?

Ich. Nein! Denn erstlich kenne ich Sie nicht.

Er. Wenn Sie mich kennen wollen, so belieben Sie nur nach Kraswitz, an wen Sie wollen, an Prediger oder Bürgermeister zu schreiben. Wenn diese nun alle mir ein gutes Zeugniß

niß geben! darf ich dann erwarten, daß Sie mir die Taufe verwilligen?

Ich. Das kann ich nicht — das muß ich dem Consistorium melden.

Er. Nun da haben wir es! Sie haben das Räthsel, warum ein Jude, der die Wahrheit seiner Gesetze bezweifelt, sich nicht taufen läßt, und um Meynungen willen, die er selbst nicht glaubt, alles duldet, sich selbst gelöset.

Ich. Noch sehe ich die Auflösung nicht ein.

Er. So erlauben Sie mir, daß ich Sie darauf aufmerksam mache. Sobald ich mich bey dem Consistorium zur Taufe melde, so legt es mir das Athanasische, und Gott weis, wessen Glaubensbekenntniß noch, vor, daß ich es annehmen soll. Das kann ich nach meiner Ueberzeugung nicht. Wenn ich aber gegen meine Ueberzeugung etwas bekenne; so bin ich ein schlechter Mensch. Wollen Sie durch die Taufe schlechte Menschen machen?

Ich. Bewahre Gott!

Er. Wenn ich zu Jesu gekommen wäre, und hätte um die Taufe gebeten; so wahr Gott lebt,

lebt, er hätte dem Petrus, oder Johannes, oder einem andern seiner Jünger den Auftrag gegeben, mich zu taufen. Wer ein redlicher Israelit, ohne Falsch war, und an ihn glaubte, der erhielt, ohne Glaubensbekenntniß, die Taufe. Damit komme ich aber bey Ihren Consistorien nicht aus. Und wenn ich ein Engel vom Himmel wäre, und versicherte auf das theuerste, daß ich die Lehre Jesu für wahr hielte; so würde man damit doch nicht zufrieden seyn, sondern noch von mir verlangen, daß ich auch an den Athanasius, Augustinus, und dergleichen Leute glauben sollte.

Ich. Das Räthsel ist mir gelöst! Thun Sie, was Sie wollen!

Er. Wohl uns! Wenn wir Leute wären, die thun könnten, was sie wollten! Hätten wir diese Freyheit — morgen reisete ich nach meiner Vaterstadt zurück, und heurathete mein liebes Blümchen.

Ich. Das wird Ihnen doch wohl niemand wehren?

Er. Ey das wollte ich meynen! Das Heyrathen ist mir ja verboten!

Ich.

Ich. Wie? Was? Das Heyrathen wäre Ihnen verboten? Wer hat dieß verboten?

Er. Unser Fürst.

Ich. O Mann! reden Sie nicht so, daß ich auf Sie mistrauisch werden muß! Ich gestehe Ihnen, daß ich Sie, wegen der Freymüthigkeit mit der Sie bisher gesprochen haben, lieb gewonnen habe. Aber wenn Sie so etwas sagen; so verlieren Sie Ihren Credit. Wie? ein Fürst sollte seinen Unterthanen das Heyrathen verboten haben?

Er. So wahr ich vor Ihnen stehe. Zu Ende des vorigen Jahrs, hat er den schrecklichen Befehl publiciren lassen, daß keine Mannsperson von unserer Nation, den Erstgebornen ausgenommen, sich verheyrathen sollte. Da ich nun, ohne meine Schuld, ein Jahr später auf die Welt gekommen bin, als mein Bruder! so muß ich, will ich anders ein Unterthan meines Fürsten bleiben, auf Lebenslang auf den Ehestand Verzicht thun. Denn wenn ich auch alle meine Kräfte anwende, ein recht braver, verständiger, thätiger Mann zu werden, so kann ich es doch mit alle dem nicht so weit bringen, daß ich der älteste in meiner Familie werde.

Ich.

Ich. Freylich nicht!

Er. Folglich — weil ich nicht zuerst die Mutter gebrochen habe: so bin ich Lebenslang verdammt, den Freuden der Liebe zu entsagen, darf nie Gatte, nie Vater werden! Nun! reden Sie! ist dieß nicht Ungerechtigkeit? Der Türke, nehmen Sie es mir nicht übel, der Türke verbietet mir den Ehestand nicht, so lange ich meine Abgaben ordentlich entrichte.

Ich. Wenigstens habe ich dieß nirgends gelesen. Aber sagen Sie mir doch nur, Ihr Fürst ist ja sonst so gut, so menschenfreundlich, was für einen Grund führte er denn für sein Verbot an?

Er. Diesen — daß wir uns zu stark vermehrten.

Ich. Darin mag er wohl recht haben. Denn, weil bey Ihrer Nation der Ehestand vorzüglich begünstigt wird: so vermehren sie sich wie die Kaninchen. Da ich in Grünau studierte, bin ich oft erstaunt, über die Menge von Judenkindern, von denen alle Straßen wimmelten.

Er. Ist denn das nicht gut? ist denn die Bevölkerung nicht des Fürsten Reichthum?

Ich.

Ich. Der Grundsatz ist, mit ihrer Erlaubniß, nicht durchaus wahr. Der größte Reichthum eines Fürsten, ist freilich Volksmenge.; Aber — dieses Volk muß denn nun auch so beschaffen seyn, daß es seine Kräfte braucht, und damit einen Beytrag zum allgemeinen Besten giebt. Das ist aber bey Ihrer Nation nicht, die mehresten zehren nur, aber erwerben nichts. Wenn also der Fürst die zehrenden Mitglieder zu vermindern sucht: so darf man ihm dieß freylich eben so wenig verdenken, als wenn er seinen Marstall einschränkt.

Er. Ich habe diesen Abend von Ihrer Wohlthätigkeit gelebt! Dankbarkeit verschließt meinen Mund!

Ich. Machen Sie doch kein Aufheben, von einer Handlung, zu der ich, ich will nicht sagen als Christ, sondern schon als Mensch, verbunden war. Glauben Sie aber wirklich, mir Dank schuldig zu seyn! so ist der beste Dank, den ich von Ihnen erwarte — Freymüthigkeit.

Er. Freymüthigkeit? Im Vertrauen auf Ihr Wort, will ich also freymüthig seyn. Brauchen wir nicht auch unsere Kräfte? Geben wir

durch

durch die Entrichtung unserer Abgaben nicht auch unsern Beytrag zum allgemeinen Besten?

Ich. Eine Freymüthigkeit ist der andern werth. Mir kommt es immer vor, als wenn die Anwendung Ihrer Kräfte mehr zehrend für den Staat, als erwerbend, wäre.

Er. Wie? wie verstehen Sie das?

Ich. Es ist leicht zu verstehen. Wenn der Gelehrte, der Künstler, der Handwerksmann und der Bauer, seine Kräfte braucht; so bringt ein jeder etwas wirklich hervor, das Geldes werth ist, er liefert also wirklich einen Beytrag zum allgemeinen Besten. Wenn Ihre Nation aber thätig ist: so bringt Sie nichts hervor, schafft aus entfernten Landen allerley entbehrliche Dinge herbey, beredet die arbeitenden Mitbürger, sie zu kaufen, lockt ihnen ihr sauer erworbnes Geld ab, und zehret also von den Früchten ihres Fleißes. Wenn also der zehrende Theil sich zu sehr vermehrt, so muß nothwendig der erwerbende dabey leiden, und der beste Fürst kommt dadurch in die Nothwendigkeit, der Vermehrung des zehrenden Theils, Hindernisse zu setzen.

Er.

Er. Und wenn ich nun dieß alles zugebe, was sollen wir thun?

Ich. Arbeiten, das Land bauen, Künste und Handwerke treiben. Nie hat ein vernünftiger Fürst dem arbeitsamen Bürger den Ehestand verboten. Die Arbeitsamkeit Ihrer Nation wird also gewiß dieses Verbot unnöthig machen.

Er. Aber mein? wir dürfen ja nicht arbeiten — wir dürfen ja keine Aecker kaufen! keine Handwerker treiben!

Ich. Traurig genug! wenn Sie nur aber hierzu erst recht Lust bezeigen: so wird es nicht an Fürsten fehlen, die Ihnen willig ihr Land, mit den möglichsten Freyheiten, anbieten. Ein arbeitsamer, geschickter Unterthan, er sey Jude, Christ, oder Türk, ist allemal für den Fürsten ein sicheres Capital. Und Capitale, die sich verzinsen, zu erwerben, ist gewiß jeder Fürst, wäre er auch nicht Menschenfreund, würde er auch blos durch einen vernünftigen Eigennutz geleitet, von ganzem Herzen geneigt.

Er. Ich besorge Ihnen beschwerlich zu fallen.

Ich.

Ich. Gar nicht. Wenn Sie sich aber nach der Ruhe sehnen, so soll Sie mein Bedienter nach dem Wirthshause begleiten, wo Sie alle Bequemlichkeit unentgeldlich finden werden.

Er nahm den Vorschlag an, und ich that, um ihm zur Fortsetzung seiner Reise behülflich zu seyn, das, was meine Henriette würde gethan haben, wenn sie in meiner Lage gewesen wäre.

Leben Sie recht wohl, Freundin! von deren Besitz ich mein Erdenglück erwarte!

Nach einigen Tagen umarmt Sie

Ihr

treuer
Carl.

Zwölfter Brief.

Henriette an Carln.

Gollnau, d. 26. März.

Mein Herzlichgeliebter Carl!

Seit meinem Auffenthalte in Carlsberg, habe ich unaussprechlich viel gelitten. Wenn Sie nur den zehnten Theil des Grams sich vorstellen könnten, der mich gepeinigt hat, da ich dachte, Carl ist mir untreu: so weinten Sie gewiß, wenn Sie mich anders lieb haben, bey Lesung dieses Briefs so, wie ich weine, ich kann es unmöglich lassen, da ich ihn schreibe. Guter Carl! mein ganzes Leben! wie schwach bin ich! ich muß wirklich die Feder niederlegen —

Ich muß Ihnen sagen, daß mich Ihr Brief sehr, aber nicht ganz beruhigt hat.

Ich habe Ihnen Unrecht gethan — und das muß mich doch wirklich unruhig machen.

Aber etwas macht mich noch mehr unruhig — das ist, daß ich es fühle, was ich für ein unglückliches Geschöpf bin. Ich muß es Ihnen gerade heraus sagen: ich glaube nicht, daß es mir möglich wäre, ohne Sie zu leben. Ist das nicht erbärmlich? Bloses Glück ist es, daß meine Neigung auf Carln fiel. Aber wie? wenn sie auf einen leichtsinnigen, unredlichen Menschen — gefallen wäre? Da säße ich nun itzo, und weinte meine Augen roth, und könnte keine Freude mehr genießen.

Ach es ist bloses Glück, daß ich itzo nicht verzweifeln muß.

Das heftige Verlieben in eine Person, ist — ich kann es nicht bergen, ist ein großer Fehler — eine bejammernswürdige Unvollkommenheit. Ich denke immer, jeder Mensch sollte sein Glück von sich selbst erwarten; sollte recht gut, rechtschaffen, und thätig seyn, und alles entbehren lernen, was er nicht haben kann. Dann möchte es ihm gehen, wie es wolle, er würde doch zufrieden leben.

So denke ich — lieber Carl — so denke ich! Wollte Gott, ich handelte auch so! aber so weit ist es leider mit mir gekommen, daß ich einen gewissen Namen nicht schreiben kann, ohne daß mir das Blut nach dem Herzen tritt, und daß mir auf der Welt nichts mehr Freude macht,

wenn

wenn mir der Gedanke durch den Kopf fährt: Carl (ich kann es doch nicht lassen, den lieben, bösen, süßen, bittern Namen noch einmal hin zu schreiben) ist dir ungetreu. Auf diese Art hängt meine Glückseligkeit nicht mehr von meiner eignen Tugend, sondern von der Willkühr und den Launen eines Fremden ab. Gott erbarme sich aller, derer Glückseligkeit von irgend etwas andern auf der Welt, als von ihnen selbst abhängt. Und mein lieber Vetter Rollow, hat mir doch gewiß gute Grundsätze beygebracht, und mich vom Lesen verliebter Bücher abgehalten. Wie mag es nun wohl meinen unglücklichen Schwestern gehen, die vom Morgen, bis zum Abend, immer in Büchern blättern, die von nichts, als Liebe, handeln.

Auch Sie, erwarten Ihr Erdenglück von mir? Ich zeigte diesen Ausdruck meinem Vetter — er zuckte die Achseln, und sagte: Da ist sein Glück schlecht gegründet. Wenn heute also deine Neigung auf einen andern fiele, so wäre er unglücklich?

Die Herren Erzieher schreiben so viel — so viel — aber — so lange sie uns das Mittel nicht leh-

lehren, die Liebe zu beherrschen — so haben sie noch wenig gethan. Sie lehren uns den Zorn, die Eßbegierde u. d. gl. mäßigen. Möchten sie uns doch auch das Mittel bekannt machen, die Heftigkeit der Liebe zu mäßigen. Mir kommt es immer vor, als wenn mehrere Menschen durch Liebe, als durch Zorn, unglücklich würden.

Der letzte Vorfall in Carlsberg hat mich klug gemacht. Ich werde thun, was ich kann, um die Liebe zu mäßigen, die mir schon so unaussprechlich viele Leiden verursacht hat. Thun Sie — ich bitte Sie — ein Gleiches — wir wissen nicht, welcher Unstern uns trennen kann!

Lieb ist es mir aber auf alle Fälle, wenn Sie mich bald besuchen! In Koldingen werden Sie mich nicht mehr finden: denn wir sind nun in Gollnau, wo mein Vater die Amtmannsstelle angetreten hat.

Da wir in Grünau ankamen: war auf dem Markte ein großer Auflauf von Studenten. Wir erkundigten uns, was dieß seyn solle? bey meinem Vetter, er wußte es aber selbst nicht. Bald darauf kam ein Student, und brachte ein Buch wieder, das er von meinem Vetter erborgt hatte.

Die-

Diesen fragte er, woher der Lärmen entstanden wäre? Da fieng dieser so heftig an zu lachen, daß wir einige Minuten warten mußten, ehe wir etwas von ihm erfahren konnten. Endlich sagte er: Der Herr von Zelter hätte einen Spaß gehabt, hätte heute eine Gasterey angestellt, und dazu den närrischen Rath Wisnich einladen lassen.

Er hätte ihm deswegen eine PorteChaise zugeschickt, die aber ohne Sitz, und so eingerichtet gewesen wäre, daß der Fußboden hätte herausfallen müssen, sobald er sich in dieselbe gestellt hätte.

Kaum wäre er in dieselbe getreten gewesen, so hätten die Träger die Thür verschlossen, hätten die PorteChaise aufgehoben, wären damit so geschwinde als möglich, davon gelaufen, und Wisnich — hätte — in der Porte — Chaise — zu Fuße laufen müssen —, und die halbe Universität — wäre nachgezogen.

Dieses erzählte er mit abgebrochnen Worten: weil er vor Lachen kaum reden konnte. Mein Vetter Rollow wurde ernsthaft, und fragte: und sie zogen auch nach?

Stud. (lachend) Freylich; ich dachte, ich müßte mich vor Lachen ausschütten.

Roll. Ists möglich? ist das die Wirkung von den Büchern, die ich Ihnen bisher zu lesen gab?

Stud. (betroffen) Ich weiß nicht, worauf Sie zielen.

Roll. Gar nicht? daß doch in wahrer Aufklärung und Moralität der Student immer der letzte seyn muß!

Stud. Ich bitte um Verzeihung! ich — ich — ich weiß nicht, worauf Sie zielen.

Roll. Wirklich nicht? Sagen Sie mir, was hat der unglückliche Rath gethan, daß Sie ihn zum Gegenstande des öffentlichen Spottes machten?

Stud. Er ist ein Narr. Ists denn Unrecht, einen Narren zu verspotten?

Roll. Woher wissen Sie, daß er ein Narr ist?

Stud. Er macht ja lauter närrisches Zeug. Haben Ihro Hochwürden nicht gehört, wie er —

Roll. Will von nichts wissen. Warum hat er denn das, das, das gethan?

Stud. Weil er ein Narr ist!

Roll.

Roll. Weil er einen schwachen Verstand hat, wollen Sie sagen. Unter allen Narrenstreichen, die er sein Lebelang begieng, ist vielleicht keiner so albern, als der, den heute die hochlöbliche Grünauische Burschenschaft begangen hat. Deswegen will ich Sie doch nicht für Narren erklären, sondern zucke nur die Achseln, und beklage ihren schwachen Verstand.

Stud. (erblaßte und verstummte.)

Roll. Sagen Sie mir, nach Ihrem besten Gewissen, wenn Sie einen armen gebrechlichen Menschen kennten, der ausgewachsen wäre, oder hinkte, oder schielte, oder hätte einen Schaden, und sähen, daß er durch muthwillige Menschen verspottet würde, würden Sie dieses wohl für Recht halten? Daß es in Grünau noch 1788 Musensöhne giebt, die so etwas thun können, ist eine ausgemachte Sache, davon rede ich gar nicht. Der Troß von Studenten, der itzo freylich, Gottlob! bey weiten den kleinsten Theil ausmacht, und die Gassenjungen, stehen immer auf einer Stufe, haben einerley Grundsätze, einerley Sitten, einerley Ziel, nach dessen Erreichung sie arbeiten. Davon ist, wie gesagt, die Rede

Rede gar nicht. Nur dieß will ich von Ihnen wissen, ob Sie es für Recht halten, daß ein gebrechlicher Mensch, wegen körperlicher Fehler verspottet werde?

Stub. Das wäre schändlich!

Roll. Welch Unglück ist denn aber nun größer, schielende Augen, oder einen schielenden Verstand, einen verwachsnen Körper, oder eine verschobene Seele zu haben? Reden Sie!, antworten Sie bestimmt!

Stub. Gebrechen der Seele scheinen mir immer beklagenswürdiger, als Gebrechen des Körpers.

Roll. Wohl wahr! aber was soll man von denen nun halten, die den armen Unglücklichen, dessen Verstand fehlerhaft ist, verspotten?

Stub. Ich bitte recht sehr um Verzeihung! ich habe mich durch anderer Exempel mit fortreißen lassen, ich habe sehr gefehlet.

Roll. Ganz unaussprechlich sehr gefehlt. Wer dem Lahmen die Krücke nimmt, und ihn in die Nothwendigkeit setzt, zu fallen, und den gesunden Fuß auch zu zerbrechen, der handelt ohngefähr so, wie Sie gehandelt haben.

Stub.

Stud. Ich bitte Sie! Demüthigen Sie mich doch nicht zu sehr!

Roll. Ich demüthige Sie nicht, Sie selbst, Sie selbst haben sich gedemüthigt. Wer schlecht handelt, demüthigt sich selbst.

Stud. Das kann ich doch aber nicht aus=halten.

Roll. Dafür kann ich nun aber nichts. Wis=nich hat einen schwachen Verstand, das weiß ich. So heilige Pflicht es nun ist, dem Dürftigen einen Zehrpfennig zu geben, den Kranken zu erquicken, den Gefallenen aufzurichten: so heilig und noch weit heiliger ist die Pflicht, dem Menschen mit schwachen Verstande, beyzustehen, ihn zu belehren, und ihn gegen Spott zu schützen. Wisnich, das sage ich Ihnen gerade zu, hat zwar einen schwachen Verstand, aber weit, weit mehr philologische Kennt=nisse, als Sie und Ihres Gleichen haben, und — ein gutes Herz. Mit seinen Kenntnissen hätte er noch viel Gutes stiften können; aber durch die Art, wie ihn Herr v. Zelter, und mehrere andere behandelt haben, ist er für die Welt ganz unbrauchbar gemacht, der gesunde Fuß ist ihm zertreten worden, da der eine schon gebrechlich war.

Stud.

Stud. Ich gehe mit Reue von Ihnen. Darf ich bitten, daß Sie mir Abts Buch vom Verdienste, etwa auf zwey bis drey Wochen leihen?

Roll. Abts Buch vom Verdienste? Was wollen Sie damit thun?

Stud. Es lesen — studieren — mich darnach bilden. —

Roll. O studieren Sie doch, ich bitte Sie, erst sich selbst. Sobald ich überzeugt bin, daß Sie sich selbst studiert haben, will ich Ihnen mit Vergnügen, Abts und aller braven Männer Schriften, die ich in meiner kleinen Bibliothek habe, mit Vergnügen leihen.

Der Student machte eine Verbeugung, und trat beschämt ab. Mein Vetter sprach aber noch sehr nachdrücklich über die große Sünde, einen Blödsinnigen zu verspotten, und seine Schwächen aufzudecken.

Vielleicht hätte er noch einen halben Tag (ich glaube es heißt) declamirt: wenn nicht das Posthorn der Extrapost, die wir bestellt hatten, ihm Stillschweigen aufgelegt hätte.

Ich setzte mich, nebst meinem Vater ein, und er begleitete uns.

In Kröbnitz wurden die Pferde gewechselt, und wir waren entschlossen, daselbst unsere Mittagsmahlzeit zu halten. Wir fanden aber ein so langes, garstiges Haar darinne, daß uns aller Appetit vergieng.

Stellen Sie sich vor, lieber N. N. (ich mag Sie nicht mehr nennen, bis Sie ganz der Meinige sind) Stellen Sie sich, sage ich, vor, der Posthalter brachte mit der rechten Hand, zwey gebratene Hühner, und auf der linken, hielt er ein Kind, das von Blattern starrte.

Mir war es mehr darum zu thun, den Magen auszuleeren, als ihm noch etwas zuzuführen. Meines Vaters und Vetters Gesichtsfarbe verwandelte sich.

Da wir nun einige Minuten die gebratenen Hühner angesehen hatten: fragte der Hofrath Roll, der eine Viertelstunde vor uns angekommen war, spöttisch, ists nicht gefällig, zu speisen?

Ich wendete mich um, und sahe zum Fenster hinaus, mein Vater that ein Gleiches. Mein Vetter antwortete aber: unter diesen Umständen ist es wohl besser, zu hungern, als zu essen.

Hofr.

Hofr. Recht mögen Sie wohl haben. Das ist aber doch höchst dumm, daß man in Wirthshäuser kommt, wo es besser ist zu hungern, als zu essen. Wenn ich in ein Wirthshaus gehe, so will ich essen und trinken, aber nicht hungern und dursten.

Vett. Wohl wahr! Aber der arme Mann ist unschuldig. Er ist Wirth und Vater. Mit der rechten Hand erfüllte er die Pflicht als Wirth, mit der linken, als Vater. So widersprechend auch, in meinen Augen, ein Blatterkind, neben gebratnen Hühnern ist, so wenig Lust ich auch fühle, die letztern zu genießen; so wenig bin ich doch gesonnen, dem armen leidenden Vater deswegen Vorwürfe zu machen.

Hofr. Ey, die will ich ihm auch nicht machen. Der gute Mann that, wie Sie sagten, was er konnte. In der rechten Hand trug er die gebratnen Hühner, auf dem linken Arme das Blatterkind; mit jener erfüllte er die Pflichten als Wirth, mit diesem, als Vater. Ich muß Ihnen sagen, ich habe den Mann deswegen lieb gewonnen. Und wenn Sie von der Parthie sind, so dächte ich, wir bezahlten ihm die Mahlzeit doppelt, einmal für die gebratenen Hühner, das andere mal, für das Blatterkind. Vett.

Vett. Sehr edel! Meine Gesellschaft ist gewiß von der Parthie.

Hofr. Abscheulich bleibt es doch aber immer!

Vett. Abscheulich, abscheulich! Was soll denn aber der arme Mann thun? seine Gäste oder sein Kind vernachläßigen?

Hofr. Der arme Mann kann weiter nichts thun; er hat gethan, was er konnte. Aber der Staat — der Staat — lieber Herr Prediger!

Vett. Der Staat? Was sollte denn dieser thun, um gebratne Hühner von den Blatterkindern zu trennen?

Hofr. Gar nichts weiter, als die Blattern ausrotten.

Vett. Die Blattern ausrotten? Ein Wunsch, der Ihrem Herzen, lieber Herr Hofrath, Ehre macht, sollte aber der Staat vermögend seyn, diesen Wunsch zu erfüllen?

Hofr. Seit dem wir die Pest ausgerottet und dem Wetterstrahle seine zerstörende Kraft entzogen haben, dürfen wir nichts mehr für unmöglich halten.

Vett. Ihre rechte Hand, Herr Hofrath!

Hofr. Hier ist sie! was wollen Sie damit?

Vett.

Vett. Ich lege meine rechte Hand in die Ihrige, und zugleich das Bekenntniß, daß ich vollkommen Ihrer Meynung bin.

Hofr. Bravo! — —

Vett. Aber — wenn ich nun dieß alles zugebe, was soll denn der Staat hierbey thun? Es ist ja nicht genug, daß man eine Sache für möglich hält, man muß auch die Mittel wissen, sie wirklich zu machen.

Hofr. Die sind ja da.

Vett. Die Mittel, die Blattern auszurotten?

Hofr. Ey, das wollte ich meynen? Lesen Sie den teutschen Merkur nicht mit?

Vett. Sonst las ich ihn; seitdem aber die gelehrten Zeitungen und Journale, sich so sehr anhäuften, sahe ich mich genöthigt, meine Lektüre auf einige wenige einzuschränken, die für mein Amt die zweckmäßigsten waren.

Hofr. Nun da muß ich Ihnen sagen, daß im November= und Decemberstück von 1786. sich eine würklich klassische Abhandlung, über die Vertilgung der Blattern befindet.

Vett. Hat sich der Verfasser genannt? Das möchte ich gern wissen.

Hofr.

Hofr. Freylich hat er sich genannt. Es ist der D. Hufland in Weimar.

Vett. Nun! Wenn es der ist: so erwarte ich schon etwas gründliches. Er ist mir immer als ein sehr denkender und praktischer Arzt gerühmt worden.

Hofr. Der ist er auch! Lesen Sie nur seine Abhandlung! sie werden erstaunen, wie deutlich, ich möchte wohl sagen, wie handgreiflich der würdige Mann, die Möglichkeit darthut, dieses schreckliche Elend, das gewiß ein Jahrhundert hindurch, mehr Menschen, als die Pest, wegraft, auszurotten!

Vett. Sie spannen meine Begierde aufs höchste! Was für Mittel schlägt er denn vor?

Hofr. Lesen Sie, Freund! dann urtheilen Sie!

Es gehen vielleicht acht Tage hin, ehe ich wieder nach Hause komme, und den teutschen Merkur lesen kann. So lange können Sie mich unmöglich warten lassen — Sie würden mir sieben bis acht schlaflose Nächte verursachen. Denn wenn ich von etwas höre, das die ganze Menschheit interessirt, so werde ich nicht eher ruhig, als bis ich es ganz überschauet habe.

Hofr.

Hofr. Der Vorschlag ist, wie alle, wirklich gute und ausführbare, Vorschläge, höchst einfach. Er verlangt weiter nichts, als daß man allenthalben Blatterhäuser, in einiger Entfernung, von den übrigen Menschenwohnungen errichten, dahin alle Blatterpatienten schaffen, und so lange sie daselbst aufbewahren soll, bis sie vollkommen wieder hergestellt sind. Dann sollen sie, mit Zurücklassung aller Wäsche und Kleider, deren sie sich, während der Krankheit, bedienten, zu den Ihrigen zurückkehren.

Vett. Es läßt sich hören! aber man sagt ja, die ganze Atmosphäre würde durch die Blatterpatienten inficirt. Wie will er verhindern, daß nicht die vorbeygehenden, die inficirte Atmosphäre einathmen?

Hofr. Er zeigt durch vielfältige Erfahrungen, daß dieses ein Mährchen sey, und daß nur die unmittelbare Berührung des Blatterpatienten oder seiner Excretionen, aller Art, anstecke.

Vett. Und wenn ich auch dieß zugebe, so sind doch immer Leute nöthig, die sich dem Patienten nähern, ihn berühren, und dann wieder andere berühren. Durch diese wird immer die

Europäische Pest verbreitet werden. Bedenken Sie doch nur dieses: in dieser Krankheit wird es oft nöthig, Klystiere zu setzen. Wenn nun der Mann *), der eben itzo mit seinen Händen die blattrichten Theile berührte, und darauf wieder, mit diesen Händen, einen jungen Mann, der bis itzo die Blattern noch nicht hatte, einseifet, Nase, Backen, Lippen berührt —

Hofr. Dafür hat er gesorgt. Er verlangt, daß, zur Besorgung der Blatterpatienten, ein eigener Chirurgus bestellt werde.

Vett. Der dürste aber freylich nicht barbieren?

Hofr. Das versteht sich!

Vett. Und müßte hinlänglich besoldet werden, daß er auch ohne Sorgen leben könnte, wenn es keine Blatterpatienten gäbe.

Hofr. Ey nothwendig! Es wäre ja widersinnig, wenn man jemanden anweisen wollte, von dem Elende der Menschen, sich und seine Familie zu ernähren.

Vett.

---

*) Ein neuer Beweiß, wie unschicklich es sey, den Barbierer und Chirurgus in einer Person zu vereinigen!

Vett. Der Vorschlag hat viel für sich. Aber wenn nun die Blattern zu unserer Natur so wesentlich gehörten, daß sie alle Menschen bekommen müßten — wie da? So lange er dieses nicht widerlegt, so lange ist sein ganzer Vorschlag, so gut er es auch damit meynen mag, weiter nichts als — Chimäre.

Hofr. Die Blattern sind unserer Natur, gerade so nothwendig, als die Pest!

Vett. Beweiß! lieber Herr Hofrath!

Hofr. Den hat Herr Hufland gegeben! Er zeigt, daß die Europäer sonst die Blattern nicht hatten, daß es noch itzo Nationen gebe, die davon ganz frey sind, und daß da und dort durch dieses Mittel, zur Vertilgung der Blattern, glückliche Versuche sind gemacht worden.

Vett. Wenn nun aber der Vorschlag so gar gut ist — warum ist er denn noch nicht ausgeführt worden?

Hofr. Eben deswegen, warum so viele, wohlgemeynte, wohl durchdachte, Vorschläge nicht zur Ausführung kommen. Wir lesen itzo viel, aber das Handeln — das Handeln — scheint aus der Mode zu kommen.

Vett.

Vett. Sollte aber nicht wenigstens, in unserer Zeit, da so viele menschenfreundliche, edeldenkende Fürsten leben, nicht ein Fürst sich finden, der —

Hofr. Glauben Sie wohl, daß ein Fürst die Pest von Europa entfernen könne?

Vett. Freylich nicht! Einer sollte aber doch den Anfang machen!

Hofr. Und wenn ein Fürst erst den Anfang gemacht hätte, so würden auch mehrere seinem Beyspiele folgen. Denn das Einverständniß aller deutschen Fürsten scheint mir nöthig, um die neue Europäische Pest von Deutschland zu entfernen.

Das Blasen des Postillions brach diese Unterredung ab.

Fortsetzung.

Wir kamen spät in Golnau an, und freueten uns, weil wir mit leerem Magen von Kröbnitz abgereiset waren, sehr auf die Abendmahlzeit, die mein Vater bey dem Amtsschreiber bestellt hatte.

Wie groß war aber unsere Verwunderung, da wir, bey unserer Ankunft, kein einziges Licht

im Amtshause antrafen, und den nächsten Nach:
bar bitten mußten, uns Licht zu geben, und uns
im Hause anzuweisen! Er war ein sehr freund:
licher, gefälliger Mann, und erbot sich sogleich,
für uns alles zu thun.

Was hilft es aber? sagte er, wenn ich Ihnen
Licht gebe? Wir können doch nicht ins Haus, so
lange wir die Schlüssel vom Herrn Amtsschrei:
ber nicht haben. Treten Sie herein in meine
Stube! ich will unterdessen meinen Buben ab:
schicken, daß er die Schlüssel herbey hohle!

Wo ist denn der Herr Amtsschreiber aber?
fragte mein Vater — Ich habe ihn doch gebe:
ten, daß er die Heizung der Zimmer, und eine
kleine Collation besorgen solle.

Ja, antwortete er, da sind Sie schlecht ver:
sorgt. Der vergißt alles! vor einem halben Jahre
hatte er sich verheyrathet, und den Tag bestimmt,
da er seine Braut abholen wollte. Die Braut
macht sich reisefertig; sie wartet eine Stunde,
zwey Stunden, drey Stunden — sie wartet den
ganzen Tag — kommt kein Herr Amtsschreiber
— Sie wartet den andern Tag — kommt kein
Herr Amtsschreiber. Kurz — unser Herr Amts:
schrei:

schreiber hatte es vergessen, daß er wollte Hoch=
zeit machen.

Das Hochzeitmachen hatte er vergessen, frag=
te ich, wie ist denn das möglich?

Es ist so wahr, antwortete er, als ich vor
Ihnen stehe. Er ist so unordentlich in seinem
Amte, daß er fast immer, eine Woche um die
andere, Execution hat.

Das sind schlechte Aspekten! antwortete mein
Vater, und öffnete schon den Mund, um weiter
zu sprechen, als mein Herr Amtsschreiber, ganz
ausser Odem, herein trat, und sagte:

Ich bitte tausendmal um Verzeihung! das
sind vermuthlich die Mademoiselle Tochter? (meine
Hand küssend) ist mir angenehm, die Ehre zu haben,
Sie kennen zu lernen. Doch immer wohl ge=
lebt? wirklich? nun das ist brav! Und hier?
(sich zu meinem Vetter wendend) wem habe ich
denn die Ehre mein Compliment zu machen?

Ich bin, antwortete mein Vetter, des Herrn
Amtmanns Schwager.

Amtsschr. Schön! vortrefflich! Ja! ja!
Sind Sie verheyrathet? ohne Zweifel.

Vett. Schon seit zehen Jahren.

Amtsschr. Seit zehen Jahren? ha! ha! ha! Das ist ja allerliebst! haben Sie auch Familie? woran ich nicht zweifele.

Vett. O ja!

Amtsschr. Das ist ja schön! Sie werden vermuthlich schlechten Weg gehabt haben?

Vett. Mittelmäßig?

Amtsschr. Ja wie es um diese Jahrszeit ist. Kann ich Ihnen mit etwas aufwarten? Sie dürfen nur befehlen!

Pat. Befehlen will ich nun eben nicht. Aber haben Sie denn meine Bitte erfüllt, und für ein warmes Zimmer, und eine kleine Collation gesorgt? Wir sind alle halb erfroren, hungrig und müde.

Amtsschr. Ich bitte tausendmal um Verzeihung! Es soll alles so gleich geschehen! Meister Heinrich! (sich zu unserm Wirthe wendend) sey er doch so gut, und schaffe Holz ins Amtshaus, und lasse die Stube Num. 3 heizen!

Wirth. Meinem gütigen Herrn Amtmanne zu Liebe, thue ich alles!

Amtsschr. Ist er nicht mit etwas Braten und Sallat versehen?

Wirth.

Wirth. Damit kann ich nicht aufwarten. Wie käme ich und ein Braten zusammen!

Ich. Sorgen Sie nicht Herr Amtsschreiber! Wir sind mit allem versehen. Ich habe auf den Nothfall, ein gebratenes Kalbesviertel, ein Brod, und einige Bouteillen Wein eingepackt!

Amtsschr. O schön! vortrefflich! Sie werden einmal eine herrliche Wirthin werden!

Ich. (verbeugte mich)

Amtsschr. Was hört man neues bey Ihnen?

Vater. Neues? weiß gar nichts! Es geht bey uns immer auf den Fuß, wie es sonst gegangen ist.

Amtsschr. Wie steht es mit dem Türkenkriege?

Vater. Daran nehme ich keinen Antheil, wenn ich nur meine Ruhe und Bequemlichkeit hätte.

Amtsschr. Die sollen Sie gleich haben! Meister Heinrich! aber der ist auf dem Amtshause! Das sind doch wirklich schlechte Anstalten!

Vater. Ja wohl! ja wohl!

Amtsschr. Wollen Sie nicht die Gütigkeit haben, mir zu folgen? Itzo wird das Zimmer geheizt seyn.

Ich. Aber, wie steht es denn mit den Lichtern?

Amtsschr. Mit den Lichtern? Mit den Lichtern? Die wird ja Meister Heinrich besorgt haben! ich will doch nimmermehr hoffen —

Ich. Haben Sie ihm denn den Auftrag dazu gegeben?

Amtsschr. Ey das versteht sich ja von selbst! ja! ja! Wenn er die Zimmer heizt — so wird er doch auch für Lichter sorgen! Wenn ich doch nur gleich einen Boten hätte, der zu meiner Frau liefe, und sich Lichter geben ließe!

Ich. Bemühen Sie sich nicht! Hier sind zwey Lichter, die uns Meister Heinrich geliehen hat!

Amtsschr. Schön! Vortrefflich! Ists nun gefällig, mir zu folgen?

Wir folgten ihm, und jedes murmelte etwas. Bey unserm Eintritte in die Stube Num. 3, hatten wir eine sehr unangenehme Empfindung. Der Theil, der zunächst an den Ofen gränzte, glühete durch die Gefälligkeit des guten Meister Heinrich — der andere, der nahe an dem Fenster lag, war sehr kalt. Mein Vater zitterte, trat nach dem Ofen zu, und ich — packte aus, was ich eingepackt hatte. Wollen Sie unser Gast seyn, lieber Herr Amtsschreiber? fragte ich, nachdem ich etwas zur Befriedigung unsers Hungers und Durstes aufgesetzt hatte.

Amtsschr. Das würde zu viele Freyheit seyn! Ich wünsche Ihnen gesegnete Mahlzeit, und angenehme Ruhe!

Vater. Gleichfalls! gleichfalls! aber wo sollen wir schlafen?

Amtsschr. Hier zur Linken finden Sie ein Bette, da können die beyden Mannspersonen, und zur rechten, ein Bette, da können die Mademoiselle schlafen. Angenehme Ruh! lassen Sie sich etwas recht angenehmes träumen!

Mit diesen Worten sprang er fort, und wir — nachdem wir unsern Hunger und Durst gestillet hatten — verfügten uns in unsere Betten.

Den folgenden Morgen, da ich das Frühstück zubereiten wollte, fehlte es an nichts mehr, als an allem; weil alle Gefäße, die ich dazu nöthig hatte, verpackt waren.

Der gefällige Meister Heinrich aber, der gleich nach unserm Aufstehen, sich erkundigte, wie
wir

wir geruhet hätten, und womit er uns dienen könne? half allen Unbequemlichkeiten ab.

Es wäre doch auch artig, sagte mein Vater, da das Frühstück eingenommen war, wenn der Amtschreiber fragte, ob wir noch lebten?

Ich dächte, antwortete mein Vetter, wir giengen zu ihm, und besähen seine Wirthschaft.

Der Vorschlag wurde von allen angenommen.

Da wir in seine Stube traten, saß er an seinem Pulte und las — gelehrte Zeitungen, stand mit dem Zeitungsblatte in der Hand, auf, kam uns entgegen, und las, indem er uns entgegen kam.

Haben Sie doch die Güte Platz zu nehmen, sagte er, setzte uns Stühle hin, und bat sich die Erlaubniß aus, nur noch ein Paar Minuten lesen zu dürfen.

Dieses Paar Minuten mochte aber doch wohl eine Viertelstunde dauern. Als diese verflossen war, sprang er auf, rief seine Magd, gab ihr die Zeitungen und dann erst wendete er sich zu uns, und bat wieder tausendmal um Verzeihung, daß er uns so lange, ohne Unterhaltung, hätte sitzen lassen!

Mein

Mein Vetter nahm das Wort, und sagte: Sie scheinen viele Geschäfte zu haben, lieber Herr Amtsschreiber!

A. Ja wohl! ja wohl! Sehen Sie nur, gestern und heute, und die ganze vorige Woche, habe ich unaufhörlich gelehrte Zeitungen, Journale und Monatsschriften gelesen, und doch habe ich mich nicht durcharbeiten können! Sehen Sie diesen Stoß, der noch vor mir liegt, und davon ich noch keinen Buchstaben gelesen habe!

(Wirklich war der Stoß so hoch, daß, wann er hinter dem Pulte saß, er über denselben nicht wegsehen konnte.)

Vetter. Wenn Sie aber alle diese Zeitungen, Journale und Monatsschriften lesen — wie viel Zeit bleibt Ihnen denn zum Handeln übrig?

A. Keine! So wahr ich ehrlich bin, ich habe kaum so viele Zeit übrig, daß ich essen und schlafen kann, an das Handeln will ich gar nicht denken.

V. Wie kommen Sie denn aber da mit Ihrem Amte zurechte?

A. Schlecht! Schlecht, lieber Herr Prediger! In der Nebenstube liegt ein Stoß Acten,
worin

worüber ich Bericht abstatten soll, der wenigstens noch einmal so groß ist, als der Stoß Zeitungen und Journale, der vor mir liegt.

B. Wenn Sie nun aber durch treue, gewissenhafte, Abfassung Ihrer Berichte nur zehen Unschuldigen zu ihrem Rechte hülfen, stifteten sie damit nicht mehr Nutzen, als mit allen Ihrem lesen?

A. Ich weiß nicht, was Sie damit sagen wollen: Ich verstehe Sie nicht recht.

B. Ich meyne ob Sie, durch treue, gewissenhafte Abfassung ihrer Berichte, wodurch Sie jährlich, gering gerechnet, nur zehen Unschuldigen zu ihrem Rechte hülfen, nicht mehr Nuzen stiften würden, als mit alle Ihrem Lesen?

A. Kann seyn! Kann seyn! aber diese Schriften müssen doch gelesen werden.

B. Und warum?

A. Warum? Warum? diese Frage ist mir ganz unerwartet.

B. Mir scheint sie ganz natürlich. Wann ich einen Menschen lesen oder handeln sehe: so ist doch wohl immer die erste Frage, die mir beyfallen muß, diese: warum thust du das?

A. Und

A. Und die Antwort ist eben so natürlich: um mir mehr Kenntnisse zu erwerben.

B. Darauf folgt denn wieder, eben so natürlich die Frage: Wozu willst du dir mehr Kenntnisse erwerben?

A. Ei das versteht sich, um immer mehr zu lernen.

R. Sich Kenntnisse erwerben, und lernen ist im Grunde einerley: Ich muß also nochmals fragen, warum wollen Sie mehr lernen?

A. Um an der Aufklärung unserer Zeiten Theil zu nehmen.

R. Das ist wieder das nämliche. Warum wollen Sie denn an der Aufklärung unserer Zeiten Theil nehmen?

A. Um selbst aufgeklärter zu werden.

R. Liebster Herr Amtsschreiber! Sie machen Winkelzüge. Ich sage es Ihnen aber frey heraus, daß sie Ihnen nichts helfen werden. Ich lasse Sie nicht los, bevor Sie mir eine bestimmte Antwort geben. Warum, wollen Sie denn aufgeklärter seyn? Was ist die Absicht — der Aufklärung, die Sie suchen?

A. Die

A. Die Absicht? Die Absicht? — je nun — daß ich desto mehr Gutes stiften will.

R. Bravo! das gefällt mir! deswegen sind wir auf der Erde, deswegen hat uns der Schöpfer so viele Anlagen und Kräfte ertheilt, daß wir damit recht viel Gutes stiften sollen. Aber lieber — bester Mann! — doch ehe ich weiter rede, muß ich Sie fragen: können Sie die Freymüthigkeit wohl leiden?

A. O ja! sehr wohl!

R. Wenn Sie nun, lieber Mann, so viele gelehrte Zeitungen und Journale lesen, daß Ihnen keine Zeit zum Handeln übrig bleibt, wie können Sie denn da Gutes stiften?

A. Es ist traurig! ich gestehe es.

R. Und wenn das übertriebne Lesen Sie sogar dahin verleitet, daß Sie nicht einmal das Gute stiften, das jeder gute Mensch, auch ohne Lectüre, würde gestiftet haben —

A. Wie verstehen Sie denn das?

R. Seinem neuen Amtmanne, der müde, erkältet und hungrig von der Reise kommt, die nöthige Bequemlichkeit, ein gewärmtes Zimmer, eine gute Mahlzeit, zu verschaffen, das ist doch

etwas

etwas Gutes, das jeder brave Amtsschreiber stiftet, wenn er auch gar keine gelehrte Zeitungen und Journale liest. Die Pflichten zu erfüllen, die das Amt mit sich bringt, wofür man sich bezahlen läßt, ist doch etwas Gutes, das jeder ehrliche Mann thut, der gar keine Lectüre hat.

A. Ich bitte tausendmal um Verzeihung.

S. Sie haben nicht nöthig einmal um Verzeihung zu bitten. Die Unbequemlichkeiten, die uns gestern Ihre Lectüre verursacht hat, sind vergessen und vergeben. Und die Seufzer, die Sie dadurch sich von andern zugezogen haben, bin ich nicht berechtigt zu verzeihen.

A. Es ist eine verfluchte Periode, in der wir leben!

R. Uebereilen Sie sich nicht lieber Mann! Die Periode, in der wir leben, scheint mir sehr gut zu seyn. Warum verfluchen Sie sie?

A. Weil in derselben so ein entsetzlicher Wust von gelehrten Zeitungen und Journalen geschrieben wird, daß man am Ende gar nicht mehr durchkommen kann, und über dem Lesen alles Handeln vergißt.

R. Wenn

R. Wenn in einem Lande die Nahrungs=
mittel vervielfältigt werden, wollen Sie die Pe=
riode, in der es geschieht, wohl verfluchen?

A. Wie können Sie mir eine solche Unbe=
sonnenheit zutrauen!

R. Warum verfluchen Sie nun unsere Zei=
tungs = und Journals Periode? die gelehrten
Zeitungen und Journale sind auch Nahrungsmit=
tel — Nahrungsmittel für den Geist. Wer aber
freylich nichts anders thut, als den ganzen Tag
liest, der kommt mir vor wie ein Mensch, der
den ganzen Tag nichts anders thut, als ißt und
trinkt. Essen und Trinken sollte das Mittel seyn,
ihn zur Arbeit zu stärken. Er macht aber das
Mittel zum Endzwecke. Dazu kann aber freylich
der Mann nichts, der aus Kartoffeln Mehl, und
aus Johannisbeere Wein bereiten lehrt. Wer
heißt uns denn Kuchen von Waizen= und Kartof=
felmehl, Rheinwein und Johannisbeerwein zugleich
genießen?

A. Sie haben vollkommen recht! Ich will
auch wirklich am Ende dieses Vierteljahrs einige
gelehrte Zeitungen und Journale aufsagen.

R. Das

R. Das ist noch lange nicht genug! Wie viele periodische Schriften lesen Sie itzo?

A. Gegen Vierzig?

R. Gegen vierzig? Ich glaube, viere wären vollkommen hinlänglich.

A. Das wäre doch wirklich wohl zu wenig!

R. Und warum? Wer wirkt wohl mehr Gutes, der Unmäßige oder der Mäßige?

A. Versteht sich, der Mäßige!

R. Folglich glaube ich, daß derjenige, der mäßig liest, mehr Gutes stifte, als ein anderer, der viel liest.

A. Ich muß Ihnen gestehen, daß ich den Zusammenhang nicht einsehe.

R. Und dieser ist doch sehr leicht zu finden. Lektüre ist Nahrungsmittel, und jedes Nahrungsmittel es sey körperlich oder geistig, hält das Handeln auf, sobald es unmäßig genossen wird; Ist es körperlich, so spannt es die Verdauungskraft so stark an, daß alle übrige Kräfte dabey ihre Wirksamkeit verlieren, und verschafft dem Körper doch nur elende unverdauete Nahrung! Ist es aber geistiges Nahrungsmittel, so überladet es den Geist so sehr, daß er

Menschl. El. 6ter Th. M nicht

nicht vermögend ist, es zu überdenken, folglich ganz unfähig, es in Ausübung zu bringen: Wenn Sie lieber Mann nur eine Recension, z. E. ein Kants von Weishaupts Schriften gehörig überdenken, prüfen, und die Anwendung davon auf sich und Ihren Zustand machen wollen: so ist doch wenigstens für jede ein halber Tag nöthig.

A. Wohl wahr!

R. Und wenn Sie nun alles durch einander lesen, und es nicht gehörig überdenken: so ist es ja eben so, als wenn Sie alles durch einander essen und trinken, aber — nicht verdauen wollten. Keines von beyden giebt Ihnen Nahrung, eines so gut als das andere, verhindert Ihre Thätigkeit.

A. Ich wollte, daß Sie mir dieses vor zehn Jahren gesagt hätten! Itzo wollte ich ein anderer Mann seyn! Meine Haushaltung sollte blühen, mein Fürst sollte mit mir zufrieden seyn, ich wollte mehr Freunde, mehr Menschen um mich haben, die mir ihre Errettung, ihr Glück verdankten: So — wenn ich nun mich selbst frage: was hast du in den letzten zehen Jahren

ren gelernt? gethan? gewirkt? so muß ich es gestehen — Nichts. Mein bisheriges Leben war weiter nicht als Friseursleben! Im Grunde habe ich in diesen zehn Jahren nicht mehr, vielleicht nicht so viel, als ein Friseur gelernt, und eben so wenig Gutes gestiftet. Dank (indem er meinen Vetter umarmte) Dank Ihnen! daß Sie mich zur gesunden Vernunft zurück geführt haben!

R. Große Freude würde es für mich seyn, wenn ich diesen Dank wirklich annehmen dürfte! Sagen Sie mir doch Ihren Entschluß, was wollen Sie nun thun?

A. Von den vierzig Zeitungen und Journalen, die ich bisher gelesen habe, sechs und dreyßig zurück schicken, viere fortlesen, mit Bedacht lesen, überdenken, und von den Besten, einen praktischen Nutzen ziehen.

R. Wohl Ihnen! Sie sind auf einem guten Wege!

A. Auf einem herrlichen Wege! Die Schuppen fallen mir von den Augen — bald werde ich wieder werden, was ich längst hätte seyn sollen — Mensch — Gatte — Amtschreiber —

Menschenfreund! Dank Ihnen, edler Mann! (meinen Vetter wieder umarmend). Von dieser Minute an, lebte er auf, und wurde sehr behaglich und gefällig, so, daß wir einige vergnügte Stunden bey ihm zubrachten.

Bey dieser Gelegenheit lernte ich recht, wie viel Gutes ein Mensch stiften kann, wenn es ihm ein Ernst ist, es zu thun, und, wenn er jede Gelegenheit dazu benutzt.

Was ich mir, bey dieser Gelegenheit vorgenommen habe, weiß ich. Sie nehmen sich gewiß auch so etwas vor!

Auf alle Fälle bin ich

Ihre

treue
Henriette.

Dreyzehnter Brief.
Der Diakonus Rollow an Henrietten.

Grünau, d. 7. März.

Liebe Henriette!

Gestern bin ich wieder glücklich bey den Meinigen angekommen, habe sie alle gesund angetroffen, und einen sehr vergnügten Abend in ihrer Gesellschaft zugebracht. Du hättest sollen die Familienscene mit ansehen, die bey meinem Eintritte in die Stube entstund! Alles sprang mir entgegen, umarmte mich, und bedeckte mich mit herzlichen Küssen. Das kleinste, das noch nicht laufen kann, reichte mir wenigstens sein Händchen entgegen.

Die Familienfreuden, liebe Henriette, sind doch die süßesten und herzlichsten, die wir auf der Erde haben, und werden fast immer denen zu Theil, die sich selbst zu beherrschen, und durch ein Leben, das der Natur gemäß ist, die Gesundheit und Kraft ihres eigenen, und des Körpers ihrer Kinder zu erhalten wissen.

Und doch sind sie so selten — so selten — Nur wenige Häuser kenne ich, wo sie gefunden werden. In dem einen zerstört sie die Heftigkeit

keit der Leidenschaften, in dem andern die Vernachläſſigung des Körpers, und die verkehrte Geſundheitspflege.

Dein Theil werden ſie einſt ſeyn, das verſpreche ich mir ganz gewiß.

Da ich in Kröbnitz ankam, vermied ich das Hauß, wo wir, bey unſerer Hinreiſe einkehrten, ſorgfältig; und ſuchte einen Gaſthof auf, wo ich mir eine kleine Mittagsmahlzeit bereiten ließ.

So wenig leckerhaft ich nun auch bin, und ſo ſehr ich die Empfindeley derer tadele, die die Naſe rümpfen, und den Teller zurückſchieben, wenn ihnen eine Speiſe vorgetragen wird, die gegen die Regeln Ihres Kochbuchs zubereitet iſt! ſo muß ich doch bekennen, daß mir dieſe Mahlzeit gar nicht behagen wollte. Das Brod, welches ſonſt immer, bey dem Eſſen, mein Beſtes iſt, war nicht aufgegangen, und blieb, wenn man darein biß, zwiſchen den Zähnen kleben, das Bier war dick — und hatte einen ſehr wiederſichen Geſchmack, ſo, daß ich ein Glas Waſſer, zur Löſchung meines Durſtes fordern mußte.

Wie

Wie kommts, fragte ich den Wirth, als er mir das Waſſer reichte, daß ſein Brod und Bier ſo ſehr ſchlecht iſt?

Wirth. Ein Schelm giebt es beſſer, als er es hat. Ich habe den ganzen Winter hindurch mit dieſer erbärmlichen Koſt vorlieb nehmen müſ=ſen. Kein Wunder wäre es, wenn man krank würde! Ich denke! ich denke! es wird noch et= was nachkommen. Wenigſtens, ſo weit ich zu denken weiß, kamen immer im Frühjahre Krank= heiten, wenn wir im Winter ſo ſchlechtes Brod und Bier gehabt hatten.

Ich. Warum ſorgt denn aber die Gemeine nicht dafür, daß ein beſſerer Becker und Brauer angeſtellt wird?

Wirth. Dazu, mein lieber Herr, kann weder Becker noch Brauer etwas, daran iſt die Frucht Schuld. Vorigen Sommer hatten wir eine naſſe Erndte, da iſt das liebe Getraide faſt alles verdor= ben. Korn und Gerſte iſt ausgewachſen, und der Weizen — ja der iſt vollends nicht werth, daß man ihn auf den Boden bringt. Er iſt ſchlechterdings gar nicht zu gebrauchen, wenn ich einen Kuchen laſſe backen, ſo weiß der Becker gar nicht, wie er ihn aus dem Ofen bringen will. Es thäte oft Noth, daß wir ihn mit der Krücke herausholten.

Ich. Armer Mann! das muß wohl ein großer Schade für ihn seyn!

Wirth. Ja wohl! ja wohl! Da habe ich mich das ganze Jahr hindurch geplagt, und gemartert, um mich mit Gott, und mit Ehren durch die Welt zu bringen — Da die Zeit kam, daß ich erndten wollte, mußte ich das liebe Getraide verfaulen sehen. Und das ist noch nicht alles! Wenn ich in den Schaafstall komme, da sehe ich erst meinen Jammer. Ich hatte so ein charmant Stämmchen Schaafe, meiner Treue — alle waren sie wie die Hirsche. Itzo hängen sie alle die Köpfe. Ich glaube nicht, daß ich einen Schwanz davon bringe.

Ich. Vermuthlich ist dieß eine Folge von der nassen Weide des vorigen Jahrs.

Wirth. Zum Theil! Viele Schuld hat aber auch das Heu und Stroh, das alles halb verfault in die Scheune gekommen ist. Das Heu stinkt, und das Stroh war so vermodert, daß, wenn die Drescher draschen, der Schimmel so umher stob, daß es die armen Leute kaum aushalten konnten.

Ich.

Ich. Es ist zu bedauern! Unterdessen, lieber Freund! Das ist eine Schickung, die nicht abzuändern ist! Er muß sich also, so viel als möglich, dabey zu beruhigen suchen, und überlegen, wie er den erlittenen Schaden wieder ersetze.

Wirth. Das werde ich freylich thun. Aber darinne kann ich Ihnen nicht beystimmen, daß die Sache nicht abzuändern wäre. Ich bleibe dabey, und lasse mich davon nicht abbringen, — der Mensch kann alles abändern.

Ich. (Wie sehr mich dieser kühne Ausdruck, von einem gemeinen Manne überraschte, kannst du leicht denken.) Alles abändern? das wäre viel.

Wirth. Sie dürfen mir es nicht übel nehmen, wenn ich so gerade heraus rede, aber ich glaube es steif und feste!

Ich. Warum schafft er denn nun nicht das schlechte Brod und Bier weg, wenn er alles abändern kann?

Wirth. Ey! ich habe ja nicht gesagt, daß ich alles abändern kann. Meine Meynung war nur, daß der Mensch es könne. Das heist: Wenn ein Unglück kommt, so ist doch immer ein Mensch da, der im Stande ist, es abzuändern,

dern, wenn er sichs nur ein Ernst seyn läßt. Ich weiß nicht, ob Sie mich recht verstehen?

Ich. Recht gut! aber sage er mir einmal, glaubt er denn, daß es einen Menschen gebe, der das Wetter abändern könne?

Wirth. Das glaube ich nicht. Ich dächte aber doch, es müsse Menschen geben, die Mittel finden könnten, das Heu, Getraide und Stroh zu bewahren, daß es nicht von dem Wetter verderbt würde.

Ich. Möglich mag es wohl seyn. Aber ich begreife noch nicht, wie es möglich gemacht werden soll.

Wirth. Ich halte es nicht nur für möglich, sondern glaube auch, daß ich es selbst möglich machen könnte, wenn ich nur freye Hand hätte.

Ich. Er? er wollte es möglich machen?

Wirth. Sie mögen mich nun ansehen, wie Sie wollen, so traue ich mir es doch zu, daß ich es möglich machen könnte. Nur freye Hand müßte ich haben.

Ich. Hat er keinen Wein im Keller?

Wirth. Ein gut Glas ächten Wertheimer.

Ich.

Ich. So bringe er mir eine Bouteille herauf, und zwey Gläser!

Wirth. Für wen denn das andere?

Ich. Für ihn. Ich trinke gern ein Glas Wein mit jedem Manne, der den Glauben hat, der Mensch könne alles abändern.

Fortsetzung.

Ich. (Für mich und den Wirth einschenkend, und mit meinem Glase an das Seinige anstoßend.) Es leben alle brave Männer, die glauben, der Mensch könne alles abändern?

Wirth. Sie sollen leben!

Ich. Nun erzähle er mir aber, bey einem Gläschen Weine, wie er es anfangen würde, wenn er freye Hand bekäme, um das Verderben des Heues, des Getraides, des Strohs, bey einfallender nasser Witterung, abzuändern!

Wirth. Ich? Das will ich Ihnen sagen! Sehen Sie! unsere Vorfahren mögen ganz ehrliche

liche Leute gewesen seyn, recht klug waren sie aber doch nicht.

Ich. Wie so?

Wirth. Da pfropften sie alle Häuser neben einander, wie wenn es auf der weiten Welt, keinen andern Platz gäbe, wo sich der Mensch anbauen könnte. Da ist unser Oertchen, es ist klein, aber 350 Häuser sind doch da, so dicht an einander gebauet, daß man meynen sollte, es wäre gar kein Plätzchen mehr auf der Welt, wo man sein Hüttchen hinbauen könnte.

Ich. Das ist freylich nicht recht. Dadurch wird der Zugang der freyen Luft verhindert, und, wann ein Feuer entsteht: so ist die Gefahr desto größer. Was schadet dieses aber dem Heu, Stroh und Getraide, das auf dem Felde liegt?

Wirth. Sehr viel! Sehen Sie! Wenn jeder Bauer sein Bißchen Länderey und Wiese, um sein Hüttchen herum hätte, so könnte er jedes Sonnenblickchen benutzen, könnte mit seinen Leuten hinauslaufen, wenden, trocknen, auf Haufen bringen, und mit der Manier, wenn er seine Knochen brauchte, alles retten.

Denn

Denn das müßte ein schlechter Sommer seyn, wo es acht Tage unaufhörlich regnete, und gar kein Sonnenblick käme! Das kann ich aber nicht! Meine Aecker und Wiesen, liegen eine, zwey, manche dreyviertelstunden von meinem Hause. Gesetzt nun, es kommt ein Sonnenblick, und ich biete Frau und Kind, Knecht und Magd, und Taglöhner und Nachbar, und alles, was ich aufbieten kann, auf, um das Bischen Getraide, Heu und Stroh zu retten: nun — da sind sie halt aufgeboten! Wenn wir auf den halben Weg sind, so fängt es wieder an zu regnen, wir gehen wieder nach Hause, und — ich habe nichts davon, als die Kosten.

Ferner: Wenn ich nun mit Angst und mit Noth, ein Fuder Heu oder Getraide, zusammengebracht habe, und will es nach Hause fahren — pautz! da kommt auf dem halben Wege, ein Regen, der das Fuder durchaus naß macht. So bekomme ich nicht Heu, nicht Stroh, nicht Getraide, sondern, daß ich es gerade heraus sage, Mist in die Scheuer.

Ich.

Ich. Das ist traurig! Sage er mir aber nur, woher kommt es denn, daß die Aecker und Wiesen so weit von seinem Orte entfernt sind?

Wirth. Das will ich Ihnen alles sagen. Sonst waren eigentlich fünf Dörfer um unsern Ort herum. Die sind aber alle im dreyßigjährigen Kriege abgebrennt worden.

Ich. Und noch nicht wieder aufgebauet?

Wirth. Und noch nicht wieder aufgebauet.

Ich. Und woher mag das wohl kommen?

Wirth. Ja woher solls kommen. Die Landeseinkünfte reichen kaum für den Hof, und die Soldaten hin. Wenn gebauet werden soll: so ist immer kein Geld da. Und der gemeine Mann hat keine Courage! Wenn ich unsern Einwohnern den Vorschlag thun wollte, daß sie ein neues Dorf bauen sollten, da würden sie Maul und Nase aufsperren, und alle glauben, ich wäre nicht wohl gescheut. Darinne hatten nun unsere Vorfahren wieder einen Vorzug. Ich bin zwar nicht in der alten Chronik bewandert, aber das glaube ich doch, daß die meisten Dörfer, durch gemeine Leute sind erbauet worden. Ich glaube, wenn einer ein

Stückchen Land hatte, so baute er sich ein Hüttchen dahin. Wenn seine Kinder größer wurden, und heyratheten, so baueten sie daneben, und so entstunden nach und nach die Dörfer.

Ich. Von vielen mag das wohl gelten. Wenn er nun aber freye Hand hätte, zu thun, was er wollte, was würde er da wohl thun?

Wirth. Versteht sich, ganz freye Hand müßte ich haben! Ich müßte auch befehlen dürfen!

Ich. Nothwendig!

Wirth. Da würde ich sogleich den Befehl geben, daß jeder, der ein neues Haus bauen wollte, es auf den Platz bauen müßte, wo er die mehreste Länderey hätte.

Ich. Was sollte aber aus dem Platze werden, wo das alte Haus stund? Was aus dem Garten und Hofraume?

Wirth. Darum würden sich die Nachbarn reissen und zerren. Ein Platz, der gleich neben dem Hause liegt, ist allemal zehnmal mehr werth, als ein anderer, eben so großer, nach dem man, von seinem Hause aus, eine halbe
Stunde

Stunde weit gehen muß. Es würde also gern jeder Nachbar ihm dafür ein entferntes Stück Land, das jenem näher läge, wenn es auch noch einmal so groß wäre, geben.

Ich. Wenn ich Fürst wäre; so wollte ich ihm gleich freye Hand geben. Ich glaube es wirklich selbst, daß wenn jeder Eigenthümer seine Ländereyen, gleich hinter seinem Hause hätte, nicht der zehnte Theil von Heu, Stroh und Getraide, der bisher verdarb, verderben würde. Das wäre freylich ein beträchtlicher Gewinn für den Staat.

Wirth. Ey das wollte ich meynen! In unserm Fürstenthume sind 180 Dörfer. Lassen Sie uns, in Pausch und Bogen, auf jedes 3000 Aecker rechnen, davon, die Wiesen mitgerechnet, jährlich 2200 tragbar sind! Das beträgt, (die Kreide herholend, und rechnend) wenn ich mich nicht verrechnet habe, 396000 Aecker! Bedenken Sie nur, wie viel diese tragen können! Wenn nun das alles bey nassen Jahren verdirbt, was für ein Schade ist das für das Land! und das kommt doch alles von der albernen Einrichtung her, die man gemacht hat.

Ich.

Ich. Das ist freylich ein großer Schade!

Wirth. Und dieß ist noch nicht alles.

Ich. Noch nicht alles? ich dächte, das wäre schon genug!

Wirth. Noch lange nicht genug. Wenn ich meine Länderey bey dem Hause habe, so muß sie mir wenigstens zehnmal so viel eintragen, als wenn ich eine halbe Stunde weit darnach gehen muß. Habe ich das Land hinter dem Hause, so ists mir ein Spaß, es alle Jahre zu verbessern. So oft ich, oder die Frau, Magd und Kinder, ein müßiges Stündchen haben, so gehen wir hinaus, lesen Steine auf, rupfen Disteln aus, machen Graben, wo sie nöthig sind; bald finden wir ein Plätzchen, wo ein Baum stehen könnte — geschwinde pflanzen wir ihn hin. Ein andermal lasse ich das Tauben- oder Hühnerhaus, oder die Scheuer reinigen, da nimmt mit Freuden jedes Kind den Unrath in ein Körbchen, und trägt ihn auf das Land.

Das alles muß ich bleiben lassen, wenn meine Länderey eine halbe Stunde weit von mir entfernt ist. Herr! ich versichere Sie, so wahr ich ein ehrlicher Mann bin, das Land, das so weit ent-

entfernt ift, ift nicht werth, daß mans hat. Ich bin schon oft Willens gewesen, es zu verschenken. Denn, wenn ich die Versäumniß, das Fuhrlohn, den Schaden, den ich bey dem Einbringen habe, Geschosse und Steuern rechne; so habe ich am Ende des Jahrs nichts davon, als — die Mühe, die Arbeit und Aergerniß. Wäre es nicht besser, wenn ich das Land gar nicht hätte?

Ich. So scheint es wirklich. Wenn man seinen Vorschlag nun ausführte; so würde ja ein Land noch viermal so reich als es ist.

Wirth. Ey freylich! Da ist immer ein Klagen und ein Lamentiren, über schlechte Zeiten, über Gottes Strafe! Ich denke bey mir selbst, die Straf wir wohl verdienet han, und leidens mit Geduld. Das sind Strafen für die Dummheit und Faulheit, die wohl so lange bleiben werden, bis wir gescheuter und fleissiger werden. Ich wenigstens handele so. Wenn mein Junge faul ist; so strafe ich ihn, kehre mich an kein Bitten und kein Lamentiren, die Strafe dauert so fort, bis der Junge sich bessert und fleißiger wird. Ich denke immer, so macht es der liebe Gott auch!

Ich.

Ich. So macht er es auch!

Wirth. Wozu dienet denn das immer und ewige Klagen und Lamentiren, daß die Erde ein Thränenthal wäre? Ich denke immer, die Erde ist gut, aber die Leute, die drauf wohnen, taugen mehrentheils nicht viel. Und wenn ich Leute, die nichts taugen, in das Paradieß selbst, setze, meiner Seele! sie machen es nach ein paar Jahren zu einem Thränenthale, und singen:

Ach wie betrübt sind fromme Seelen,
Allhier auf dieser Jammerwelt!

Das kommt mir eben so vor, als wenn ich mich um meinen Gasthof nicht mehr bekümmern, mich in den Großvaterstuhl setzen, und faullenzen, hernach, wenn ich hungerte, singen wollte:

Ach wie betrübt sind fromme Seelen,
Allhier auf dieser Jammerwelt!

Ich. Recht mag er wohl haben!

Wirth. Ich denke es auch! Nehmen Sie mir es nicht übel, daß ich so geradeweg von der Leber gesprochen habe — es ist meine Art nicht anders.

J. Sein Gespräch hat mir Freude gemacht, und ich versichere ihn nochmals, daß, sobald ich Fürst werde, er vollkommen freye Hand haben soll.

W. Warum sind Sie denn nur nicht Fürst?

Fortsetzung.

Ich bezahlte ihm eine sehr billige Rechnung, und beantwortete seine Frage nicht, weil ich niemals Neigung noch Kraft bey mir gefühlt habe, ein Fürst zu seyn. In meinem Herzen dachte ich aber: Warum bist du nicht Kammerpräsident? Köpfe dieser Art, die in Bauerhütten und elenden Werkstätten verrosten, ohne ihre Talente, durch deren Anwendung, ganze Staaten hätten blühend gemacht werden können, brauchen zu dürfen, scheint mir immer der bitterste Vorwurf gegen die Staatsverfassung eines Landes zu seyn. Was würde man wohl von dem Verstande einer Regierung halten, unter deren Wirksamkeit die Wege mit diamanthaltigen Steinen gepflastert, und mit Goldsand überschüttet würden, wo man mit Buchsbaum die Oefen heizte, und die Flöten aus Tannenholze drechselte? und was soll man von einer andern halten, in welcher noch keine

Anstalt

Anstalt ist, menschliche Talente zu schätzen, aufzusuchen, und auf den Platz zu stellen, wo sie am wirksamsten seyn können? der größte Reichthum eines Staats, das ist unleugbar, besteht in den Talenten seiner Bürger. Wenn nun der Mann von Talenten, hinter dem Pfluge hergehen, oder mit Bierschenken sein Brod verdienen muß: so kommt mir dieses eben so sonderbar vor, als wenn man den Weg mit Goldsand beschütten wollte.

Ich gieng itzo auf die Post, um mich einzusetzen, weil ich, schon bey meiner Ankunft, die Pferde hatte bestellen lassen. Die Kalesche fand ich bereits angespannt, zu meiner Verwunderung, statt zweyer, mit vier Pferden.

Der Posthalter, dachte ich, ist sehr gefällig. Ich zählte ihm also sehr freundlich das Geld hin, das ich auf der vorigen Station bezahlt hatte. Leider mußte ich aber bald die gute Meynung, die ich von ihm hatte, abändern. Er zählte das Geld mit finstrer Miene durch, und sagte: noch ein Thaler und acht Groschen muß es seyn.

J. Und wofür?

P. Sie

P. Sie haben itzo vier Pferde.

J. Die habe ich aber nicht verlangt.

P. Das hilft nichts! Sie müssen über einen Berg fahren, und da können Sie mit zweyen Pferden nicht fort kommen.

J. Ich nicht? ich bin ja eine einzelne Person, und meine Equipage, wiegt keine funfzig Pfund.

P. Eine Person mehr oder weniger, funfzig Pfund mehr oder weniger, das macht nichts aus. Der Berg bleibt doch, und ich kann um Ihret willen, mein Vieh nicht zu Grunde richten.

J. Nun! da will ich es so machen. Sie nehmen zwey Pferde wieder zurück, und ich steige ab, wann der Berg kommt, und gehe zu Fuße.

P. Das hilft alles nichts, Sie zahlen noch einen Thaler und acht Groschen.

J. Aber lieber Mann! Sie glauben gewiß, ich sey ein reicher Capitalist. Ich muß Ihnen sagen, daß ich ein armer Prediger bin, dem ein Thaler und acht Groschen schwer zu verdienen sind. Ich muß eine ziemlich zahlreiche Familie ernähren, die einen überflüssigen Aufwand von

einem

einem Thaler und acht Groschen gar sehr fühlen wird. Von dieser Summe leben wir, bey unserer Einschränkung, zwey Tage.

P. Das geht mich nichts an. Wenn der Herr kein Geld hat, Extrapost zu bezahlen, so sollte er nicht mit Extrapost reisen, sondern lieber zu Fuße gehen.

Itzo hatte meine Gelassenheit ein Ende — ich sah ihm mit finsterm Blicke, ins Auge, strich mein Geld zusammen, und sagte: ich will es Ihnen beweisen, daß ich gelernet habe, zu Fuße zu reisen.

Er brummte und schimpfte, ich stellte mich aber, als wenn ich es nicht hörte, nahm mein Paquet an die Hand, und gieng fort.

Da ich auf das Feld kam, war alles vergessen und vergeben, weil der Anblick der schönen Natur, die mir itzo näher, als im Wagen war, gar bald das Andenken an die zugefügten Beleidigungen schwächte.

Zu beklagen ist es aber doch immer, daß die Oberpostämter über ihre Untergebenen nicht besser wachen. Halb Deutschland würde schreyen, wenn ein Fürst auf einer seiner Brücken einen neuen Zoll anlegte, den jeder Vorbeyreisende mit zwey Gulden bezahlen müßte.

Wenn aber ein Postmeister oder Posthalter, es sich anmasset, dem Reisenden diese Summe ganz ohne Grund, abzufordern, so schweigt man dazu: Wenigstens erinnere ich mich nicht, darüber, eine Klage gelesen zu haben, als einmal im Journal von und für Deutschland. Die Sache ist von Wichtigkeit! Wenn ein Reisender, den dringende Geschäfte in die Nothwendigkeit setzen, einen großen Theil Deutschlands zu durchreisen, mehrmalen in die räuberischen Hände solcher Posthalter fällt, so kann er ja in Geldmangel gerathen, der immer drückender ist, je weiter man sich von dem Vaterlande entfernt hat. Ich hatte nicht mehr, als noch zwey Meilen zu reisen, und konnte also leicht diesem ungestümen Manne Trotz bieten. Was hätte ich aber thun wollen, wenn ich noch zwanzig Meilen vorwärts, und dreyßig rückwärts zu reisen gehabt, einen schweren Koffre bey mir geführt, und dringende Geschäfte gehabt hätte?

Eine Viertelstunde mochte ich ohngefähr gegangen seyn, als ich hinter mir ein Posthorn hörete.

hörete. Ich wendete mich um, und sahe die ordinaire Post hinter mir herkommen. Sobald sie mich erreicht hätte, redete mich der Postillon an, und fragte: wo geht die Reise hin?

J. Immer nach Grünau zu.

P. Nach Grünau? da reisen wir ja mit einander.

J. Das wird ihm und mir wenig helfen. Nach etlichen Minuten sind wir getrennt.

P. Sie können sich ja aufsetzen, wenn Sie sonst wollen. Sie zahlen mir einen halben Gulden — dafür gebe ich Ihnen den besten Sitz.

J. Was würde aber der Postmeister dazu sagen?

P. Ey, was geht uns denn der Postmeister an? der sieht uns ja nicht.

J. Freilich sieht er uns nicht. Ich glaube aber, man müsse nicht nur seinem Nebenmenschen nicht Unrecht thun, wenn er uns sieht, sondern auch, wenn er uns nicht sieht,

P. Das gilt wohl auf der Kanzel, aber nicht auf dem Postwagen. Der Postwagen ist keine Kanzel.

J. Das

J. Das weiß ich wohl. Ich denke aber, auf dem Postwagen, sollte gethan werden, was auf der Kanzel gesprochen wird.

P. Das Gott tausend im Himmel erbarme! da würde ich schlecht zurechte kommen. Ich halte es mit dem Prediger Salomo, der spricht: alles hat seine Zeit. Beten hat auch seine Zeit, und Predigen hat seine Zeit. In der Kirche bet ich und höre dem Prediger zu — aber, wenn ich den Postwagen fahre, so lasse ich Beten, Beten, und Predigen, Predigen seyn und mache es halt so, wie es die Gelegenheit mit sich bringt. Kann ich einen halben Gulden auf den Kamm schlagen, kann ich ein Paar Briefe unter der Hand bestellen, und etliche Grdschelchen dafür einstreichen, so thue ich es vom Grunde der Seele gern. Kann ich einem Passagiere ein Paar Groschen mehr von der Seele reissen, warum sollte ich es denn nicht thun? Es geht ja jeder Mensch seiner Nahrung nach. Komme ich ins Wirthshaus, und die Passagiere lassen mir Brandewein einschenken, so lasse ich mir ihn gut schmecken, und wenn manchmal die jungen Herrn, auf dem Postwagen, mit den Mädchens schökern, so helfe ich dazu, was ich kann. Man

muß

muß kein Spielverderber seyn! der Apostel Paulus spricht ja: freuet euch mit den Fröhlichen!

J. Lieber Freund! wenn er langsam fahren will, so will ich ihm diese Sprüche erklären, und ihm zeigen, daß er sie ganz falsch verstanden habe.

P. Ey da hätte ich die liebe Zeit davon. Wenn ich einmal in ihre Kirche komme, so will ich recht andächtig zuhören. Itzo fahre ich aber die Post! Alles Ding hat seine Zeit!

Hierauf stieß er in das Posthorn, hieb die Pferde an, und wollte davon eilen. Der Passagier aber, der auf dem Wagen saß, rief ihm zu, daß er halten sollte, weil er absteigen müsse.

So, wie er abgestiegen war, druckte er mir die Hand, und sagte: lieber Freund! wenn der Postillon Ihre Erklärung dieser Sprüche nicht anhören will, so bitte ich, sie mir mitzutheilen. Sie werden an mir, einen sehr aufmerksamen Zuhörer haben.

J. Das möchte doch wohl nicht recht schicklich seyn, weil der Postillon nicht auf uns warten wird.

Wenn er nicht warten will, sagte der freundliche Passagier, so lassen wir ihn halt fahren.

Schwa=

Schwager! fahr zu! ich gehe nach Grünau zu Fuße!

P. Mir ists recht! aber mein Trinkgeld muß ich erst haben!

Hier! sagte der Reisende, indem er ihm etwas in die Hände drückte.

P. (Das Geld hin und her zählend.) Es könnte auch wohl etwas mehr seyn. Das kriege ich ja von einem Schneiderspurschen!

R. Die Posttaxe bestimmt nicht mehr. Er weiß ja auch nicht, ob ich nicht ein Schneiderspursche bin?

P. Also will er mir wirklich nicht mehr geben?

R. Nicht einen Kreuzer mehr!

P. Nun so muß ich halt denken, daß ich einen Schneiderspurschen gefahren habe.

Nun blies er in das Horn, und jagte davon.

Mein Reisender schloß mich liebreich in seine Arme, und ich erfuhr bald von ihm, daß er der Rector des Gymnasiums zu Ritterstadt sey.

A. Der Schwager redete doch, wie er es meynte. Wenn die mehresten Christen eben so aufrichtig, wie dieser Postillon, sprechen wollten,

so

so würden wir von ihnen eben keine andere Sprache hören. Ihre Tugend schränkt sich nur auf die Kirche ein, ausserhalb derselben, sieht man unter ihnen, und den Nichtchristen keinen Unterschied. Die Bibel brauchen sie zu nichts, als Sprüche heraus zu klauben, mit denen sie ihre Laster entschuldigen, und ihr Gewissen einschläfern.

J. Leider! leider wahr! Wenn ich den größern Theil meiner Zuhörer auser der Kirche handeln sehe; so hält es ungemein schwer, die Vorzüge zu finden, die sie vor Nichtchristen, vor Heyden und Muhammedanern voraus haben.

R. Und das wird nie anders werden, so lange Sie, und ihre Herren Collegen, ihre Zuhörer, nicht mit dem Geiste des Christenthums, besser bekannt machen.

J. Was nennen Sie Geist des Christenthums?

R. Streben nach höherer Vollkommenheit, Beherrschung der Lüste, Ausbildung aller Kräfte, Liebe und Vertrauen auf Gott und thätige Menschenliebe.

J. Also glauben Sie nicht, daß die Lehre von der Dreyeinigkeit, der Erbsünde, der Taufe,

und

und die übrigen Lehren der Dogmatik, der Geist des Christenthums sind?

R. Nein, das glaube ich nicht.

J. Ich glaube es auch nicht. Ich denke, wenn der Weltrichter uns einst verhören wird, so wird er nicht fragen: was hast du geglaubt? sondern — wie hast du meinen Willen gethan?

R. Nothwendig! Jesus spricht ja selbst: es werden nicht alle, die zu mir sagen, Herr! Herr! in das Himmelreich kommen, sondern, die den Willen thun meines Vaters im Himmel.

J. Was mich betrift, so suche ich, ohne mich rühmen zu wollen, meine Zuhörer immer auf den Geist des Christenthums zu führen. Ich weiß gewiß, ich habe viele Collegen, mehrere, als Sie selbst glauben, aber — — — so lange nicht eine totale Schulreformation erfolgt, so richten wir mit unsern Arbeiten sehr wenig aus.

R. Eine Reformation wäre ja freylich bey unsern Schulen gut! das Compendium Hutteri, z. E., und noch eines und das andere müßte weg. Aber totale Reformation, die halte ich doch nicht für nöthig.

J. To-

J. Totale Reformation!

R. Und wenn Sie dieselbe vornehmen sollten, womit würden Sie den Anfang machen?

J. Da ich nie berufen gewesen bin, die Schulen zu reformiren; so habe ich darüber noch nicht hinlänglich nachgedacht. Ich will Ihnen indessen doch sagen, was mir sogleich beyfällt. Zuerst würde ich in den Schulen das Lesen der Heidnischen Dichter, sehr, sehr, einschränken.

R. Wie? Das Lesen der Griechen und Römer?

J. Das Lesen der Griechen und Römer!

Fortsetzung.

R. Darf ich fragen, Warum?

J. Deswegen, weil sie den Geist des Heidenthums predigen, nicht Streben nach höherer Vollkommenheit, nicht Beherrschung der Lüste, nicht Liebe und Vertrauen zu Gott, nicht thätige Menschenliebe, sondern — Wollust, Trunkenheit — unnatürliche Laster!

R. Das gilt doch nicht von allen!

J. Nicht von allen! aber doch von den mehresten. Deswegen wünsche ich auch nur, daß

daß das Lesen derselben eingeschränkt werden möchte.

R. Und das wenige Anstößige, was noch da und dort vorkommt, kann nicht viel schaden, weil die christliche Lehre doch immer ein sicheres Gegengift ist.

J. Mann! vergessen Sie sich nicht. Wornach bilden sich unsere neuern Dichter? nach den Grundsätzen der christlichen Lehre, oder nach den Griechischen und Römischen Dichtern?

R. Nothwendig nach den letztern.

J. Folglich sind die Gedichte sehr einzeln, in denen Aufstreben nach höherer Vollkommenheit, thätige Menschenliebe u. d. gl. empfohlen wird. Die mehresten fordern uns auf, den Genuß der Liebe und des Weins, als das höchste Menschenglück zu betrachten — seine Lüste sich beherrschen zu lassen, für das allgemeine Beste nichts, für die Befriedigung seiner Lüste alles zu thun. Unter diesen Umständen leben wir ja nicht im Christenthume, sondern im Heydenthume.

R. Das ist doch wirklich zu hart! dafür müssen Sie Beweiß geben.

J. Die=

J. Dieser wird mir sehr leicht seyn. Der Geist des Christenthums besteht doch nicht in der Dogmatik, sondern in der Sittenlehre?

R. Freylich! dieß habe ich schon gesagt!

J. Die Heydnische Dogmatik haben wir nun mit der Christlichen vertauscht. Wir glauben nicht mehr an Jupiter, Merkurius, Venus u. d. gl.; wir suchen Gott nicht mehr durch das Blut der Thiere zu versöhnen; aber die Moral der Heyden adoptiren wir. Wir trachten nicht nach dem Reiche Gottes, und nach seiner Gerechtigkeit, sondern nach dem Kusse und Genusse einer Lesbia, und dem Einschlurfen einer Flasche gutes Weins.

R. Ey lieber Mann! Sie betrachten die Sache gar nicht aus dem rechten Gesichtspunkte! der christliche Sittenlehrer, arbeitet für die Veredelung der Gesinnung, der Dichter, für die Verfeinerung des Geschmacks. Das sind ja ganz verschiedene Sachen.

J. Ganz verschieden! das sollen sie auch seyn! aber widersprechen dürfen sie doch einander nicht. Dichter und Moralist müssen doch in ihren

Arbeiten wenigstens so viel Harmonie haben, als Zimmermann und Maurer.

R. Wohl! ich halte Sie bey ihrem Gleichnisse! der Dichter arbeitet für Bildung des Geschmacks; der Moralist für die Veredelung der Gesinnung; so, wie der Zimmermann für das hölzerne Gebäude, der Maurer für das Fundament thätig ist.

J. Ganz recht! aber Zimmermann und Maurer müssen doch in einer gewissen Harmonie stehen! Denn wenn des Zimmermanns Arbeit zu der Arbeit des Maurers nicht paßt: so wird ja das Gebäude monströs, und fällt wieder zusammen.

R. Das ist ein simile. Omne simile claudicat.

J. Richtig! denn, wenn das simile passen sollte, so müßten Zimmermann und Maurer so vorgestellt werden, als wenn sie nicht nur ohne Harmonie arbeiteten, sondern sich auch bestrebten, einer des andern Arbeit niederzureissen. Hätte ich das simile so ausgedrückt, so würde es weniger hinkend seyn. Denn, wenn ich z. E. Zollikofers Predigten von der Würde des Menschen, und N. Gedichte lese, so kommt es mir

gerade

gerade so vor, als wenn ich einen Zimmermann und einen Maurer so beschäftigt sähe, daß immer einer wieder niederzureissen suchte, was der andere aufgebauet hat — Jener verweißt uns auf Gott und Christum, dieser auf Chloen und die Weinflasche. Jener empfiehlt die Beherrschung der Lüste, dieser ihre Herrschaft. Jener ermuntert zur Thätigkeit, und nennt diejenigen böse Schuldner, die nur geniessen, und ihren Genuß nicht durch Thätigkeit zu vergelten suchen: dieser reizt zum Genuß, und lächelt über alle Thoren, die ihre Kräfte anwenden, um etwas wichtiges für ihre Nebenmenschen zu thun. Jener sucht die Menschen den Engeln, dieser den Thieren näher zu bringen. Und dieser schreckliche Widerspruch, dieses ewige Gegeneinanderarbeiten, ist die vorzüglichste Ursache, warum die Menschen immer nicht weiter kommen, immer auf der einen Seite so weit sinken, als sie auf der andern steigen. Wie reimt sich Christus und Belial! Wie Christi Bergpredigt und Ovids libri amorum! Dieß kann nicht abgeändert werden, so lange nicht ihre Schulen und Gymnasien total reformirt werden.

R. Sie

R. Sie scheinen in Hitze zu gerathen. Trauen Sie der christlichen Religion nicht mehr Kraft, als den Phantasien der Griechischen und Römischen Dichter zu?

J. Nein.

R. Sehr entehrend für unsere vortreffliche Religion!

J. Im geringsten nicht! Es geschieht täglich, daß die Kindermagd wieder niederreißt, was die Mutter, Gutes gestiftet hat. Ist dieß für die Mutter entehrend? Ich will ohne Bild reden, und eine Frage an Sie thun, die Sie mir aber ganz freymüthig beantworten müssen. Darf ich dieß hoffen?

R. Hier haben Sie meine Hand darauf!

J. Was wirkt mehr auf den Menschen? der Verstand, oder die Einbildungskraft?

R. Nothwendig die letztere. Denn alles, was der Verstand als richtig gedacht hat, muß erst die Einbildungskraft versinnlichen, wenn es zur Handlung werden soll.

J. So haben Sie sich also, wenn Sie mir dieses zugeben, selbst widerlegt. Der christliche Sittenlehrer überzeugt den Verstand, der nach

Hei-

Helden gebildete Dichter, nimmt die Einbildungskraft für sich ein. Folglich hat dieser immer das Uebergewicht. Jesu Ausspruch: die Erndte ist groß, aber wenig sind der Arbeiter, wird bald vergessen, wenn Chloens Busen geschildert wird. Wenn der Dichter sich erst gewöhnte, dem christlichen Sittenlehrer beyzustehen, z. E., statt Chloens Busen, der, auch ohne Lieder, immer seinen Reiz behalten wird, die Verdienste der Edelsten und Wirksamsten unsrer Vorfahren besänge. Dann erst würde Harmonie entstehen, dann erst die Veredelung der Menschen sichtbar werden. Was würden Sie von einem Menschen halten, der Jesu Bergpredigt, und Anakreons Gedichte in einen Band binden ließe?

R. Das wäre unschicklich. Das wird niemand thun.

J. Bester Mann! Die mehresten Köpfe unserer aufgeklärt seyn wollenden Zeitgenossen, sind nichts anders, als Bücher, davon der erste Theil Anakreons Gedichte, der andere Jesu Bergpredigt enthält.

R. Sie sprechen sehr bitter!

J. Nicht bitter, wahr spreche ich bester
Mann!

Mann! Wofür würden Sie mich halten, wenn ich eine Erziehungsanstalt dirigirte, wo ich meine Zöglinge wechselsweise Ovidii libros amorum und Zollikofers Predigten, von der Würde des Menschen, lesen liesse! Solch eine Erziehungsanstalt ist aber unsre itzige Welt!

R. Es ist aber nun ein für allemal nicht abzuändern. Die Griechischen und Römischen Dichter bleiben doch immer die Muster des guten Geschmacks, nach denen wir uns bilden müssen.

J. Oho! Oho!

R. Oho! was wollen Sie damit sagen?

J. Welches waren denn die Muster, nach welchen sich die Griechen und Römer bildeten?

R. Diese hatten noch keine Muster, nach denen sie sich bilden konnten.

J. Strecken Sie das Gewehr! Sie sind verlohren, lieber Mann! Das müssen Sie mir zugeben, die größten Dichter hatten keine Muster. Wenn wir also große Dichter haben wollen, was müssen wir wünschen?

R. Ich weiß schon, was Sie sagen wollen. Daß sie aus der Quelle schöpfen, die alle wirklich großen Dichter begeisterte! daß sie die großen

Wirkungen der Natur beobachten. Dieß kann ja geschehen, und das Bilden nach Römischen und Griechischen Mustern, die wir doch nie erreichen, dem ohnerachtet damit verbunden werden.

J. Freylich werden wir Griechen und Römer nie erreichen, und dieß aus einem sehr simpeln Grunde.

R. Und der wäre?

J. Dieser, daß wir weder Griechen noch Römer sind. Wir haben eine andere Religion, andere Sittenlehre, eine andere Staatsverfassung, Gesetzgebung, Sitten, Clima, Geschäfte, andere Einsichten, andere körperliche Constitution, als Griechen und Römer, und sollen uns doch nach ihnen bilden? so besorge ich, die Arbeiten der besten Köpfe, die vielleicht Meisterstükke würden geliefert haben, wenn sie ihren eignen Gang gegangen wären, werden verunglücken. Wir sehen ja, was aus dem Deutschen wird, wenn er den Franzosen oder Engländer, die doch seine Zeitgenossen, und nächste Nachbarn sind, machen will. Was muß nun aus ihm werden, wenn er sich nach Griechen und Römer bilden will! Alle ihre Gedichte sind Copien der Natur, warum

wol-

wollen wir uns gewöhnen, Copien von Copien zu machen, und nicht nach Originalen zeichnen?

R. Ihre Meynung hat viel für sich. Ich besorge aber, wir würden alsdenn sehr wenige Dichter bekommen.

J. Wohl wahr! Was schadets aber? Wenn ein Land wie Deutschland ist, in einem Jahrhunderte, nur vier wirklich originelle Dichter hervorbringt, sind diese nicht hinlänglich, den Geschmack der Nation zu verfeinern, ihre Gesinnung zu veredeln, und ihr Liebe zu dem, was schön, groß, und Edel ist, einzuflößen? Und diese, wenn sie durch den Anblick der Natur, und der großen Begebenheiten der gegenwärtigen Welt begeistert wären, würden gewiß für unsere Religion, Sitten und Nationalcharakter passender dichten, als wenn sie ihre Ideen, aus den, mehrentheils schlüpfrigen, Werken der Griechen und Römer geschöpfet hätten.

R. Ich glaube aber doch, daß das Lesen der Alten, schon manches dichterische Talent entwickelt habe, welches ohne dieses immer ohne Entwickelung würde geblieben seyn.

J. Wohl

J. Wohl wahr! so wie es den Wollusttrieb entwickelt, und ihn eher zur Reife bringt, als die Kräfte der Natur es verlangen. Das Entwickeln des Dichterischen Talents und des Wollusttriebs, durch Lecture, scheint mir eines so schädlich als das andere zu seyn. Dieses macht kraftlose Menschen, jenes kraftlose Dichter. Wo wahres Dichtertalent ist, da äussert es sich von selbst, und eine kleine Veranlassung, ist vermögend, es in Feuer und Thätigkeit zu setzen.

R. Ich muß Ihnen sagen, daß ich lange so einen paradoxen Mann nicht gefunden habe, als Sie sind.

J. Mögen doch meine Meynungen paradox seyn, wenn sie nur wahr sind! Mir wenigstens sind sie sehr wahr. So lange der Geist des Heidenthums noch unsere Dichter begeistert, so lange er noch aus ihnen Lieder singt, die die Grundsätze verhöhnen, die von unsern Kanzeln geprediget werden, und in unsern Sittenlehren stehen, so lange wird die Wirksamkeit des Geistes des Christenthums sich in den menschlichen Handlungen nur sehr schwach äussern, so lange wird der grössere Theil der Christen immer unserm

Postillon gleichen, der eine andere Sittenlehre für die Kirche, eine andere für den Postwagen hat.

R. Und der hat doch schwerlich den Anakreon oder Ovid gelesen?

J. Ich glaube, Sie sind ein Recensent?

R. Könnte wohl seyn. Aber wie kommen Sie auf diesen Gedanken.

J. Weil Sie mit dem gewöhnlichen Kunstgriffe vieler Recensenten so bekannt sind; die Gründe des Verf. unberührt, und unbeantwortet zu lassen, und nun durch einen Spaß, oder durch eine unerwartete Frage seine ganze, mit vielen Gründen unterstützte, Behauptung lächerlich zu machen.

R. Diese Frage kann Ihnen gar nicht unerwartet seyn, sie ist ja ganz natürlich. Sie behaupten, der Grund, warum die mehresten Christen eine andere Religion für die Kirche, eine andere für das tägliche Leben haben, läge in dem Lesen der Dichter, vorzüglich der Griechen und Römer. Sie führen zum Exempel den Postillon an. Habe ich nun nicht ein Recht zu fragen, ob dieser wohl Griechen und Römer gelesen habe?

J. Sie

J. Sie haben wirklich viel Talent zum Recensenten, Sie verstehen auch die Kunst, mir eine Meynung beyzulegen, die ich gar nicht für die Meinige erkenne. Ich habe nicht gesagt, daß, um den Lehrsätzen des Christenthums mehr Einfluß auf das Leben zu verschaffen, es hinlänglich sey, das Lesen der Griechen und Römer in den Schulen einzuschränken, sondern, daß dazu eine totale Schulreformation erfordert werde. Den Postillon habe ich nicht als Exempel von der Schädlichkeit des Lesens der Dichter, sondern als Exempel von einem Manne angeführt, der eine andere Religion für die Kirche, eine andere für den Postwagen, oder seine täglichen Verhältnisse hat. Von der totalen Reformation der Schulen, die ich so sehr wünsche, habe ich Ihnen nur den Anfang erzählt. Erlaubte es die Zeit, so würde ich Ihnen leicht zeigen können, daß in den niedern Schulen, wo unser Postillion gebildet wurde, wo Ovid und Anakreon so unbekannte Namen, als Paris und Warschau sind, daß da nicht der Geist, sondern das caput mortuum des Christenthums vorgetragen werde, und daß es daher sehr leicht zu erklären sey, woher
die

die zweyerley Religionen des Postillons kommen. Wir stehen itzo an dem Thore von Grünau, haben Sie die Güte, bey mir einzusprechen, und mich Ihres Umgangs genießen zu lassen: so hoffe ich im Stande zu seyn, Ihnen die unmittelbaren Quellen zu zeigen, aus denen die zweyerley Religionen des Postillons entsprungen sind. Mein Zureden war aber umsonst. Nothwendige Geschäfte, die er in Grünau zu besorgen hatte, machten es ihm unmöglich, meine Einladung anzunehmen.

Die Bekanntschaft mit diesem lieben Manne, hat mir viele Freude gemacht. Meine Unterredung mit ihm, habe ich dir deswegen überschrieben, weil ich dich lieb habe, mich gern mit dir unterhalte, und du an dergleichen Unterredungen bereits gewöhnt bist.

Ich bin, mit der herzlichsten Liebe,

Dein

Freund
Rollow.

———

Vier=

Vierzehnter Brief.

Caroline Menzerin an die Hofräthin Namur.

Kolchis, den 30ten März.

Beste Schwester!

Sonst heißt es: immer etwas Neues, und selten etwas Gutes! Dießmal findet aber eine Ausnahme statt. Ich schreibe dir etwas Neues, aber auch etwas Gutes.

Vorige Woche kam der ehemalige Hofmeister des Herrn von Carlsberg, der itzige Superintendent zu Carmin, Wenzel, um meiner Prinzessin aufzuwarten. Da diese noch nicht angekleidet war, so mußte ich ihn einige Zeit im Vorzimmer unterhalten.

Ob ich nun gleich am Hofe ziemlich gelernt habe, Personen von allerley Stande zu unterhalten, und das Gespräch auf Dinge zu lenken, die Stof zur Unterredung geben, so wollte es mir doch diesmal nicht gelingen.

Der Anblick dieses Mannes, sein freyer, offner Blick, die Gesundheit, die seine Wangen röthete, sein schlanker Wuchs, sein natürliches,

unge=

ungezwungnes Benehmen — das alles setzte mich in eine Verwirrung, die er nothwendig bemerken mußte.

Ich bedaure, sagte ich endlich, daß Sie so lange im Vorzimmer warten müssen.

Wenn man angenehme Gesellschaft hat, war seine Antwort, so befindet man sich allenthalben wohl!

Das Blut trat mir aus Herz und ins Gesicht, und es war mir unmöglich ein schickliches Gegencompliment zu finden.

Wir sahen einander an, und er schien so verlegen als ich zu seyn. Einmal über das andere sah ich nach der Thür, er that ein Gleiches, und ich wünschte nichts mehr, als daß sie sich öffnen und meine Verlegenheit endigen möchte.

Sie öffnete sich aber nicht, Sie sind, sagte ich endlich, der Erzieher des Herrn von Carlsberg?

E. Ja ich bin einige Zeit sein Gesellschafter gewesen.

J. Wer ihn kennt muß nothwendig eine vortheilhafte Meynung von seinem Erzieher bekommen!

E. Das

E. Das Gute, das er an sich hat, ist wohl vorzüglich auf Rechnung seines geraden Verstandes und seiner natürlichen Herzensgüte zu schreiben. Ist er Ihnen bekannt?

J. Durch seine Henriette, die meine Freundin ist.

E. (erröthend) Also habe ich wohl die Ehre Mademoiselle Menzer zu sprechen?

J. Beantwortete die Frage mit einer stummen Verbeugung.

Er faßte darauf meine Hand, versicherte, daß er schon lange, ohne mich persönlich zu kennen, mich geschätzt habe, u. s. w. Die Rede kam bald auf meinen Rollow, und so war unser beyder Verlegenheit mit einemmale geendigt. Er hatte Gelegenheit mich zu bedauern, und von seiner Theilnehmung zu versichern, und ich trocknete die Thränen ab, die meinen Augen entflossen, und hatte so Veranlassung mein Gesicht unter das Schnupftuch zu verbergen.

Da das Gespräch am lebhaftesten war, wurde er zur Prinzessinn gerufen, und ich — trat gedankenvoll an das Fenster.

Ende des ersten Aufzugs.

Ge=

Gedankenvoll gieng ich den ganzen Tag umher, und alles was ich anfieng mislang mir. Meine Verwirrung entgieng der Aufmerksamkeit der Prinzessinn nicht. Auf alle ihre Fragen bekam sie kurze Antworten, und ich selbst war ausser Stande ein Gespräch anzufangen. Ohne zu thun, als wenn sie dieß bemerkte, gieng sie an ihren Schreibetisch, nahm ein Buch, und setzte sich, als wenn sie lesen wollte. Das war mir eben recht, weil ich nun glaubte, hinlängliche Muse zu haben, meinen Gedanken nachzuhängen.

Ich Thörinn hätte aber leicht denken können, daß dieß alles nichts als Maske sey, unter der sie mich beobachten wollte. Sie war es wirklich. Den Kopf in die Hand gestützt, sahe sie über das Buch weg, und beobachtete alle meine Mienen. Da sie nun merkte, daß ich den höchsten Grad von Beschaulichkeit erreicht hätte, rief sie mir heftig zu: Caroline!

Ich fuhr zusammen und sagte: Ihro Durchlaucht!

Pr. Sag! was denkst du iso?

J. Ich? denken? Ich weiß nicht, was ich sollte gedacht haben! ich saß in Gedanken.

Pr. In

Pr. In Gedanken saßt du — und — dachteſt nichts? Siehſt du Mädchen, was du für verworren Zeug redeſt? das iſt nun den ganzen halben Tag ſo gegangen! Immer biſt du nicht bey dir ſelber geweſen! Ich will nun ſchlechterdings, daß du gegen mich nicht zurückhaltend ſeyn ſollſt! Ich bin deine Freundinn, das weißt du! ich bin verſchwiegen, das haſt du erfahren! Habe ich wohl je etwas weiter geſagt, von deinen Geheimniſſen? Habe ich dich deiner Schwachheiten wegen, je indiscret behandelt?

Ich. Mehr als zu discret, gnädigſte Prinzeſſin! ich bitte unterthänigſt, daß Sie doch die Gnade haben, und dieſe Discretion mich ferner genießen laſſen.

Pr. Aus welchem Grunde zweifelſt du daran?

Ich. Ich bitte unterthänigſt! was iſt Ihnen damit gedient, wenn Sie die Schwachheiten eines albernen Mädchens erfahren. Was nützt es Ihnen mich zu beſchämen? wie reimt ſich das Beſchämen eines armen Mädchens, zu der Discretion, die ein Hauptzug in Ihrem vortreflichen Charakter iſt?

Pr. Wunderliches Mädchen! habe ich dich je beschämt? Ich will ja deine Gedanken aus keinem andern Grunde wissen, als, um dir helfen und rathen zu können!

J. Ich bin trübsinnig Ihro Durchlaucht! den Grund davon weiß ich selbst nicht. Vermuthlich liegt er in meinem Blute.

Pr. Ich glaube es selbst, du scheinst sehr vollblütig zu seyn. Vielleicht hast du auch heute einen kleinen Zufall gehabt, der dein Blut in Wallung brachte. He! Mädchen habe ich es errathen?

Ich. Ich wurde blutroth, schwieg und antwortete mit Thränen.

Pr. Ists nicht wahr daß ich auf den rechten Grund gekommen bin? Und nun — Punktum! ich sage kein Wort weiter. Aber! aber! wenn ich deine Freundinn bleiben soll: so erwarte ich, daß du dich morgen mir ganz entdeckest. Denn wozu hilft dir die Verstellung? ich dächte du merktest schon, daß ich so ziemlich in dein Herz geblickt hätte!

Ich. Haben Ihro Durchlaucht wirklich hinein geblickt, so werden Sie ohne Zweifel gesehen ben haben, wie viel das arme Herz leide. Und einem betrübten Herzen — soll man nicht mehr Leides machen.

Pr. Das hast du von mir nicht zu besorgen. Ich überlasse dich deinen Gedanken, und lese nunmehr ernstlich. (Sie wendete sich um, und kehrte mir den Rücken zu).

So wurde der Rest des Tags vollbracht, ohne daß weiter eine Unterredung vorfiel. Ich legte mich zu Bette und freuete mich auf die Ruhe, die ich hier finden würde. Aber — leider fand ich sie nicht. Meine Einbildungskraft war zu lebhaft, als daß es mir möglich gewesen wäre, sie zu beruhigen. Immer stund der liebe, gesunde, brave, helldenkende, Erzieher Carlsbergs vor mir. Schon war ich ihm geneigt, wenn Henriette mir die herrlichen Grundsätze erzählte, die er ihrem Carl beygebracht hatte. Aber da ich ihn selbst sahe — den offensten, rechtschaffensten, ungezwungensten, gesundesten Mann selbst sahe: da verwandelte sich plötzlich meine Zuneigung in Liebe.

Ja ich fühlte es — ich liebte ihn, und wußte nicht ob er mich wieder lieben, ob er je

P 2 der

der Meinige werden würde. Dieß verursachte mir eine unbeschreibliche Unruhe, die mir allen Schlaf raubte. Wohl hundert Entwürfe giengen durch meinen Kopf, die ich aber alle wieder verwarf. Endlich setzte sich doch einer feste. Du willst, dachte ich, eine Correspondenz mit ihm anfangen. Dieser Einfall schien mir so vortrefflich, daß ich die erwünschtesten Wirkungen davon erwartete. Dieß beruhigte mein Gemüth, und machte mich fähig, etwa eine Stunde lang, einen erquickenden Schlaf zu genießen.

Erwachen, Aufstehen, ein Licht anzünden, und einen Brief schreiben — das war eins.

Der Inhalt davon war, daß ich Carlsbergen lobte, ihm, als seinem Erzieher viel schmeichelhaftes sagte, und ihn bat, Carlsbergen an sein Versprechen, nach der Verbindung mit Henrietten, mich zu sich zu nehmen, zu erinnern. Ich wäre, setzte ich hinzu, des Hoflebens überdrüßig, und sehnte mich sehr, bey Menschen zu leben, die nach richtigen Grundsätzen handelten, und diese glaubte ich gewiß in einer Familie zu finden, wo seine Grundsätze befolgt würden. Mit der aufrichtigsten Hochachtung, setzte ich

hinzu,

hinzu, bin ich bis in den Tod Ihre, Verehrerinn N. N. Punktum!

Wie froh war ich, da dieser Brief geendigt war! Ich trat an das Fenster und sahe den Aufgang der Sonne, setzte mich an das Clavier, spielte und sang dazu:

Sey mir gegrüßt! zu meines Gottes Ehre,
Du, seiner Schöpfung Königin!
Steig auf, und geuß, aus deinem Flammenmeere,
Erstaunen vor dir hin!

Zweymal, und mit besonderer Rührung, sang ich den Vers:

Auch mir, wenn ich in Kummer aufwärts blicke,
Weil seine Weg ich nicht versteh,
Geuß Heiterkeit ins kranke Herz und schicke,
Mir Kraft, daß ich besteh!

Und nun setzte ich mich wieder, um den Brief zu couvertiren, zuvor las ich ihn aber noch einmal durch. Dann sank ich auf das Canapée und folgende Gedanken giengen durch meine Seele: „Er müßte blind seyn, wenn er nicht merken wollte, daß du ihn liebtest — desto besser für mich, deswegen schrieb ich ja den Brief. Wenn er mich nun auch liebt, so komme ich ihm auf halbem Wege entgegen — Er liebt mich gewiß — er drückte mir ja die Hand, und wurde roth, wann er mir in die Augen sahe! Aber — wenn er mich wirklich liebt, so habe ich ja nicht nöthig, ihm auf halben Wege entgegen zu kommen. Wenn er mich aber nicht liebte — wenn sein Herz schon nicht mehr ihm zugehörte — was wollte ich dann thun? Meine ganze Blöße hätte ich ihm gezeigt?"

Heftig sprang ich auf, trat wieder an das Fenster, sahe hinaus, sahe nicht mehr, weil ich ganz in mich selbst gekehrt war, dann nahm ich meinen Brief, las ihn nochmals durch, und zündete ihn an dem Lichte an, das ich in meiner Gedankenlosigkeit hatte brennen lassen.

Nun trat ich wieder an das Fenster, überließ mich meinen Gedanken, und faßte den Entschluß: du willst, es koste was es wolle, deine Liebe beherrschen, und zu unterdrücken suchen.

Dank sey für diesen Entschluß meinem guten Rollow gesagt. „Da es nun einmal, pflegte er mir oft zu sagen, das Schicksal der Mädchen ist, daß sie nicht wählen dürfen, sondern

sich

sich müssen wählen lassen, und, bey dem großen Sittenverderben unserer Zeit, von zehen Mädchen kaum eines das Glück hat von einem Manne gewählt zu werden, zu dem es eine herzliche Zuneigung empfindet: so muß das erste und ernstlichste Bestreben eines Mädchens seyn, die Herrschaft über ihr Herz zu behaupten, und die Eindrücke bald wieder zu vertilgen, die liebenswürdige Mannspersonen auf dasselbe gemacht haben. Es ist schwer aber schlechterdings nöthig. Die Liebe ist der gefährlichste Wurm, der an der Zufriedenheit der weiblichen Seelen, vorzüglich sanfter, gefühlvoller, weiblicher Seelen nagt, und sie bey den mehresten gänzlich zerstört. Man muß nothwendig entbehren lernen, was man nicht haben kann, wenn man sich sein Leben nicht zur Hölle machen will."

Dieß ist einer von den herrlichen Sprüchen, die ich von den Lippen, die itzt verwesen, hörte und in ein eignes Buch zusammentrug.

Ich überlas diesen Spruch einigemal, überdachte ihn, und fühlte seine Kraft. Rollows Geist schien mit mir zu sprechen, und sich zu meinen Schutzengel anzubieten.

Itzo rief mich der Schall des Glöckchens in das Zimmer meiner Prinzeſſinn.

Ende des andern Aufzugs.

Ich wünſchte ihr den guten Morgen, mit heiterm Blicke, aber meine Augen waren noch vom Weinen geſchwollen.

Pr. So heiter Caroline?

J. Recht heiter gnädigſte Prinzeſſinn!

Pr. Wenn nur deine Augen dich nicht widerlegten. Iſts nicht wahr, du haſt geweint?

J. Heftig geweint aber, wie ich hoffe, ausgeweint.

Pr. Seht doch die Heldin! Sag mir aber doch, was hältſt du denn von dem Herrn Superintendent Wenzel? der Mann hat mir gefallen, Er hat ſo etwas Angenehmes in ſeiner Bildung, ſeinem Umgange, ſpricht ſo vernünftig —

J. Ihro Durchlaucht verſprachen mir ja geſtern, Sie wollten mich discret behandeln. Iſt es denn aber discret, wenn man die Wunde aufreißt, die eben iſt geheilet worden?

Pr. Du ſprichſt räthſelhaft. Laß uns ohne Metapher reden! Iſts nicht wahr, du haſt dich in den Superintendenten verliebt?

Ich.

J. Verdiene ich deswegen Vorwürfe?

Pr. Daß du mir ja kein gerades Ja sagst! wie kannst du von mir Vorwürfe erwarten, da ich, meines Standes ohngeachtet, so gut ein Mädchen bin, als du. Habe ich dir nicht meine eigene Schwachheit gestanden? Aber, nun beantworte mir noch eine andere Frage! glaubst du, daß du von ihm geliebt werdest?

J. (seufzend) das ist eben mein Leiden! bald glaube ich es, bald glaube ich es nicht!

Pr. Wenn du es nicht gewiß weißt, so bist du in einer sehr traurigen Lage. Mädchen! Mädchen! sey auf dein Herz aufmerksam! itzo ist es noch Zeit!

J. (das Buch herausziehend, in dem Rollows Spruch stand) Hier Ihro Durchlaucht, ist das Recept, das mein verwundetes Herz aus dem Grunde heilen wird.

Pr. Das Recept ist vortreflich! wer aber Gebrauch davon machen will, muß eine starke Natur haben! trauest du dir wohl so viel Stärke zu?

J. Nicht ganz! was ich aber nicht habe, das will ich mir zu erwerben suchen!

Pr. Gutes Mädchen! dein Rollow muß ein herrlicher Mann gewesen seyn, weil er dir so viel Festigkeit des Charakters zu verschaffen gewußt hat! Es ist aber wohl billig, daß ich noch das Meinige zum glücklichen Ausgange der Cur mit beytrage. Eine Bewegung sollte dir wohl nicht undienlich seyn. Hast du Lust eine Spazierfahrt zu machen?

Ich küßte Ihre Hand, und bekam den Auftrag Pferde und Wagen bestellen zu lassen.

Gegen zehn Uhr reisten wir ab nach Kipsdorf, einen Ort, wo die hiesigen Einwohner, vom Hofmarschalle an, bis auf den geringsten Handwerker, sich zu zerstreuen pflegen.

Dießmal war das Wirthshaus ganz leer, und wir trafen daselbst niemanden, als einen Franzosen an, der eben mit Extrapost angekommen war. Er bat sich die Erlaubniß aus, in unserer Gesellschaft speisen zu dürfen, die ihm auch von der Prinzessinn zugestanden wurde.

Die Prinzessinn hatte den Einfall, sie wollte mich für ihre Schwester, und uns beyde für Töchter eines Banquier ausgeben.

Da

Da die Tafel gedeckt war, und er sich nach unsern Namen erkundigt hatte: sagte er, jeder von uns, französisch, ungemein viele Schmeicheleyen.

Da die Suppe aufgetragen wurde, spann sich unter uns ein französisches Gespräch an, das ich dir, so gut ich es gemerkt habe, gleich in der Uebersetzung hinschreiben will.

Pr. Sie sind also ein Franzose von Geburt?

Fr. Zu dienen! Ich bin aus der Hauptstadt von Frankreich, aus Paris selbst, gebürtig. Mein Name ist du Sapin.

J. Vermuthlich reisen Sie in Handlungsgeschäften?

Fr. Ich bitte um Verzeihung! der Kaufmannsstand ist mir freilich immer der wichtigste gewesen, und ich muß Ihnen gestehen, daß ich immer den mehresten Geschmack bey den Töchtern und Weibern der Kaufleute gefunden habe. —

Pr. Viel Ehre für uns!

Fr. Ich bin aber eigentlich ein Gelehrter, und von dem Fürsten zu Melusina an seinen Hof, mit einer Besoldung von 4000 Livres, berufen worden.

Pr.

Pr. Darf ich wissen, zu welcher Absicht?

Fr. Die Aufklärung in seinem Lande zu befördern.

Pr. Ich zweifle nicht, daß Sie der Mann dazu sind, von dem ein Land Aufklärung erwarten darf. Wenn ich aber meine Meynung aufrichtig sagen soll, so dünkt mir es doch schicklicher, wenn man Deutschland durch Deutsche aufklären ließe. Der Deutsche kennt immer besser den Charakter, die physischen, politischen und moralischen, Bedürfnisse seiner Nation, als der Ausländer. Ich besorge, Sie werden Ihre Maximen mit eben so wenigem Glücke bey uns verbreiten, als wenn sie Ihre Orangenbäume aus der Provence, in das Fürstenthum Melusina verpflanzen wollten.

Fr. Ihre Nation scheint doch aber das Bedürfniß zu fühlen, Aufklärung von uns, besonders von der Hauptstadt kommen zu lassen. Sie thun uns doch die Ehre an, daß Sie sich nach uns bilden; Ihre Höfe, Ihr Adel haben die deutsche Sprache aus ihren Cirkeln verbannt, und sprechen die unsrige; Ihre Kleidung formen sie nach der unsrigen, und in Ihrer Etiquette bilden sie sich

nach

nach uns. Es ist wahr, bey den mehresten geht es etwas langsam, und der Deutsche schimmert noch immer durch, so sorgfältig er sich auch zu verbergen sucht. Unterdessen kann ich doch rühmen, daß ich auf meiner Reise verschiedene Personen vom Stande gesprochen habe, die sich so glücklich nach uns gebildet hatten, daß man sie für geborne Franzosen hätte halten sollen.

Pr. Wohl ihnen! So weit werden wir beyden es niemals bringen.

Fr. Sie, meine Schönen? Sie? ich getraue mir zu behaupten, daß, wenn Sie sich nur sechs Monathe in Paris aufhielten, für die vollkommensten Französinnen passiren würden!

Pr. Sie urtheilen sehr gütig! ob Sie eben so richtig urtheilen? darüber ließe sich dann erst entscheiden, wann wir sechs Monate in Paris gewesen wären. Wenn Sie aber an das wichtige Werk, meine Landsleute aufzuklären, die Hand legen, womit werden Sie wohl anfangen?

Fr. Womit? das ist nun gleichviel. Wahrscheinlich werde ich den Anfang mit Verbesserung der Finanzen machen.

Pr. Dadurch wird ohne Zweifel der Fürst viel gewinnen. Fr.

Fr. Unglaublich viel! Im ersten Jahre muß, nach einer mäßigen Berechnung, seine Einnahme sich auf 50000 Thl. vermehren.

Pr. Um 50000 Thlr.? das ist ja erstaunlich! Wie glücklich ist ein Land zu preisen, das einer solchen Aufklärung genießt! Darf ich wohl das Geheimniß wissen?

Fr. Ein Geheimniß ist es freilich, aber wie sollte es mir möglich seyn, gegen solche schöne Seelen ein Geheimniß zu haben! Mein ganzes Geheimniß ist die Verpachtung.

J. Die Verpachtung? und was wollen Sie denn verpachten? Der Fürst von Melusina hat, soviel ich weiß, schon Pachter auf allen seinen Domainen.

Pr. Auf den Domainen! gut! aber ist denn der Toback, der Wein, der Kaffee, das Salz verpachtet?

J. Freylich nicht, so etwas ist in Deutschland unerhört.

Fr. Das muß wohl seyn, sonst würden die Deutschen Fürsten uns nicht zu sich berufen.

Pr. Ich besorge nur, daß Ihre Verpachtung bey uns nicht fortkommen werde. Der Deutsche ist ein freyer Mann. Er zahlt wohl gern, was dem Fürsten zukommt, aber, wenn ihm neue Lasten sollen aufgelegt werden! so sträubt er sich.

Fr. Aha! Das Sträuben wollen wir ihm schon abgewöhnen! Ich will dem Fürsten schon Anschläge geben, seine Unterthanen zu dressiren, die wirksam seyn sollen.

Pr. Ich glaube doch nicht, daß Sie es durchsetzen werden. Bey uns sind keine Galeeren, auf die man den Unterthan, so wie in Frankreich gewöhnlich ist, schmieden könnte, wenn er das Salz nicht von Pächtern nimmt.

Fr. Thut nichts! Sie haben doch Polizeyhäuser, Zuchthäuser, Schanzarbeit, oder so etwas, das die Stelle der Galeere vertreten kann.

Pr. Wenn Sie es aber wirklich dahin brächten, daß der Unterthan, der, um etliche Groschen zu ersparen, eine Metze Salz durch einen verbotenen Weg sich zu verschaffen suchte, wie ein Dieb an die Karre geschlossen würde, was haben Sie damit ausgerichtet? Dem Fürsten, die Liebe, die Treue seiner Unterthanen geraubt — ein Gut, das weder 50000, noch eine Million, jährliche Einkünfte ersetzen können.

Fr.

Fr. Das lassen Sie mich sorgen! Das junge Pferd bäumt sich auch und schlägt, wenn man ihm den Zaum das erstemal anlegt, nach und nach gewöhnt es sich aber doch daran, und liebt den Reuter, der ihm die Spornen in die Seite setzt.

Pr. Aber ein Unterthan ist kein Pferd. Ihre Vorschläge mögen vortrefflich seyn, für Franzosen, ich will sie gar nicht tadeln, aber unsere Deutschen Köpfe sind noch nicht so weit, daß sie für so etwas Sinn hätten. Unsere Finanziers, suchen den Unterthan reich zu machen, befördern den Ackerbau, die Viehzucht, die Fabriken, unterstützen den Handwerker, Künstler und Gelehrten, und glauben, wenn der Unterthan reich wäre, so wäre es auch der Fürst. Sie glauben auch, daß neue Verpachtungen, Accisen, Zölle, weiter nichts, als Schröpfköpfe wären, wodurch den Unterthanen das Mark ausgesogen würde.

Fr. Lassen Sie mich aber nur einige Jahre wirken, dann soll alles umgestimmt werden. In Ansehung der Finanzwissenschaft, das können Sie

Sie mir doch nicht ableugnen, behält Frankreich immer die Oberhand.

Pr. Ich als ein Mädchen bin nicht im Stande, darüber zu urtheilen. Ich beurtheile immer den Baum nach seinen Früchten.

Fr. (Indem er meiner Prinzessin die Hand küßte) O vortrefflich! und die Früchte unserer Finanzwirthschaft wären?

Pr. Entsetzliche Armuth des Bauers! Ihre Bauern sind Bettler, die sich freuen, wenn sie genug Brod, Zwiebeln und Knoblauch haben.

Fr. Ich bitte um Verzeihung. Der allerchristlichste König hat versichert, daß er nicht eher ruhen wolle, bis jeder seiner Unterthanen, wenigstens einmal die Woche Fleisch geniessen könne.

Pr. Dieß macht Ihrem guten Könige, den ich herzlich hochschätze, Ehre. Ich muß Ihnen aber sagen, daß diese Glückseligkeit, die in Ihren Augen so großen Werth hat, die deutschen Unterthanen schon lange genossen haben. Gehen Sie zu unsern deutschen Bauern, und sie werden ihre Feuermauern mehrentheils mit Schinken und Würsten angefüllt finden. Wenigstens zweymal wöchentlich genießen Deutsche Unterthanen Fleisch. In Provinzen müßte vielleicht eine Ausnahme statt finden, wo die Auflagen übertrieben sind, und durch neue Accisen und Zölle des Unterthanen Mark ausgesogen wird.

Fr. Verzeihen Sie mir! Ich glaube, wenn der Vater Geld hat, so haben es auch die Kinder. Und der Vater des Landes bleibt doch immer der Fürst.

Pr. Vielleicht ließe sich noch etwas gegen diesen Satz einwenden. Vielleicht könnte ich ihn umkehren, und behaupten, wenn die Kinder Geld haben, so hat es auch der Vater. Aber wir sind ja hier nicht zusammen, um uns zu streiten, sondern, um uns zu vergnügen. Also gebe ich Ihnen Ihren Satz zu. Ist denn Frankreichs Vater aber so sehr reich? Die Besten unserer deutschen Fürsten haben itzo ihre Schatzkammern gefüllt, und Ihr, gewiß sehr guter, König, ist in die traurige Nothwendigkeit gesetzt, mit jedem Jahre mehrere Schulden zu machen.

Fr. Ich bitte um Verzeihung! unsere königliche Familie schränkt sich itzo sehr ein. Dieser Vorwurf möchte also wohl wegfallen.

Pr.

Pr. Diese Einschränkung bringt ihr wahre Ehre. Ich muß Ihnen aber sagen, daß sich die besten unserer deutschen Fürsten, schon seit Friedrichs des Einzigen Regierung, sehr eingeschränkt haben. Sie scheinen verdrüßlich zu werden. Lassen Sie uns also abstrahiren. Vermuthlich werden Sie auch die Gesetzgebung in Melusina verbessern?

Fr. Nothwendig! Die Gesetzgebung ist, nach meiner Ueberzeugung, der Grundstein, auf dem die Glückseligkeit eines Staats beruht.

Pr. Vortrefflich! Nur bitte ich, daß Sie alsdann die Gerechtigkeit nicht aus den Augen setzen.

Fr. Wie kommen Sie zu dieser Bitte?

Pr. Deswegen, weil bisher in Frankreich, das müssen Sie mir doch schlechterdings zugestehen, so viele unschuldige Personen jährlich auf die Galeeren geschmiedet, gehängt, geköpft und getödtet wurden.

Fr. (erblassend) Es ist alles itzo abgeschafft. Der allerchristlichste König hat Befehl gegeben, daß nicht eher, als vier Wochen nach der Ausfertigung, ein Todesurtheil vollstreckt, und wegen kleines Hausdiebstahls niemand mehr am Leben bestraft werden solle.

Pr. Das bringt Ihrem guten Könige wieder Ehre. Bey uns ist es aber schon seit Jahrhunderten Sitte gewesen, daß man den Werth des menschlichen Lebens schätzt, daß man nur Mord, Straßenraub, Mordbrennerey, und andere dergleichen grobe Verbrechen, mit dem Leben straft, und das nicht sogleich, als jemand eines solchen Verbrechens wegen ist angeklagt worden, sondern dann erst, nachdem ihn zwey Universitäten das Leben abgesprochen haben.

Vermuthlich wird auch die Religion eine Veränderung erdulden müssen?

Fr. Allerdings!

Pr. Da will ich nur sehr bitten, daß Sie uns unsere Toleranz lassen.

Fr. Wie können Sie das Gegentheil besorgen! Ist unsere Nation nicht tolerant genug?

Pr. Ihre Nation tolerant?

Fr. Nu? zweifeln Sie etwa daran?

Pr. Eine Nation, bey der die Bluthochzeit celebrirt wurde, die die Prediger, die nicht zur herrschenden Kirche sich bekennten, hängen, und

auf

auf die Galeeren schmieden ließ, die die besten und treuesten Mitbürger zwang, das geliebte Vaterland zu verlassen, die sollte tolerant seyn? Um Vergebung! Was nennen Sie denn intolerant, wenn dieß Toleranz seyn soll?

Fr. Das sind ja Sachen aus den vorigen Jahrhunderten. Sie müssen die Nation nur beurtheilen, wie sie itzo ist.

Pr. Und wie ist sie denn itzo? ich bitte sie!

Fr. Tolerant! höchst tolerant! Haben Sie das Edikt nicht gelesen, das der allerchristlichste König zum Besten der Nichtkatholiken hat ergehen lassen?

Pr. Ich habe es gelesen.

Fr. Nu! und zweifeln noch daran, daß unsere Nation tolerant sey?

Pr. Weniger intolerant sey als sonst, wollen Sie sagen, wir Deutsche lieben die Bestimmtheit sehr.

Fr. Wie es scheint, auch das Beleidigende. Wo ist bey dem Edikte nur ein Zug von Intoleranz?

Pr. Erstlich, daß Ihr guter König so viele Mühe hatte, es durchzusetzen, zweytens, daß die Religionsfreyheit der Nichtkatholiken doch noch so sehr eingeschränkt ist.

Fr. Aber ich bitte Sie, bedenken Sie doch, daß die Gestattung der Religionsfreyheit, für solche, die sich nicht zur herrschenden Kirche bekennen, eine bloße Gnade sey!

Pr. Eine Gnade? (laut lachend) eine Gnade? Herr du Sapin, wo verirren Sie sich denn hin?

J. (eben so sehr lachend) Eine Gnade? eine Gnade? (da mir das Gespräch, das ich mit der Prinzessinn auf dem Wege nach Kolchis, über diesen Punkt geführt hatte, noch im frischen Andenken war: so war der Reiz zum Lachen bey mir außerordentlich stark; durch mein Lachen, wurde die Prinzessinn noch mehr dazu gereitzt; dieß gieng so weit, daß wir vom Tische aufstehen, und dem Lachen freyen Lauf lassen mußten. Eine Gnade! eine Gnade! rief bald die Prinzessinn, bald ich, und immer fiengen wir wieder von neuen an zu lachen).

Fr. (auch mit lachend) Es ist mir lieb, daß ich Sie, meine Schönen, durch mein Gespräch so sehr aufgeheitert habe. Aber, sagen Sie

Sie mir doch, ich bitte Sie, warum Sie es lächerlich finden, wenn ich die Toleranz solcher Menschen, die sich nicht zur herrschenden Religion bekennen wollen, eine Gnade nenne?

Pr. (sich sammlend) wenn Sie es ja zu wissen verlangen; so will ich es Ihnen sagen. Vor hundert Jahren war es auch bey uns gewöhnlich, daß man es für eine große Gnade hielt, wann ein Fürst es seinen Unterthanen erlaubte, das zu glauben, was sie für wahr hielten. Itzo hält jeder aufgeklärte deutsche Fürst es für Schuldigkeit. Von unaufgeklärten Fürsten, deren wir leider auch noch einige haben, rede ich nicht.

Fr. Bey dem allen sehe ich aber nichts lächerliches.

Pr. Ich will es Ihnen sagen! wenn ich dieß Urtheil aus dem Munde eines gewöhnlichen Mannes, der keine Prätensionen hat, gehört hätte: so wäre es freilich nicht lächerlich. Aber aus dem Munde eines Mannes, der Nationen aufklären will — nun da ist es doch unmöglich, es ohne Lachen anzuhören. Ein großer Theil unse=

unserer Landsleute ist doch in seinen Einsichten viel weiter vorgerückt.

Fr. Ich muß Ihnen sagen, daß ich mit Religionsverbesserungen mich nicht gar viel abgeben werde.

Pr. Da thun Sie auch wohl! Ihre Landsleute scheinen unserm Geschlechte sehr ergeben zu seyn. Vermuthlich bringen Sie auch für uns etwas mit?

Fr. Ihrem Geschlechte mich gefällig zu machen, wird immer mein Hauptbestreben seyn, deswegen werde ich vorzüglich für die Verbesserung des Theaters sorgen.

Pr. Des Theaters? Das ist ja nicht blos für uns, sondern eben so gut für die Mannspersonen. Unterdessen glaube ich wirklich, daß Sie von dieser Seite viel werden wirken können. Sie schätzen doch Moliere?

Fr. Versteht sich! Er wird noch lange das Muster, nicht nur für Frankreich, sondern für Europa bleiben.

Pr. Freylich! so lange man nicht selbst über den Zweck der Schauspiele nachdenkt. Lassen Sie nur recht viele Schauspiele à la Moliere

aufführ=

aufführen! Was gilts, in wenigen Monathen wird sich halb Melusina nach Ihrer Nation gebildet haben!

Fr. Das hoffe ich auch. Das Schauspiel! das Schauspiel! ist gewiß immer das wirksamste Mittel, eine Nation aufzuklären.

Pr. Ganz gewiß ist es das wirksamste Mittel, eine Nation von den Meynungen und Grundsätzen abzubringen, die sie angenommen hatte. Wir Deutschen glaubten z. E. bisher, das Gesinde müsse seiner Herrschaft gehorchen, die Kinder ihre Eltern ehren, und die Weiber ihren Männern treu seyn. Lassen Sie aber nur erst ein halb Jahr Schauspiele à la Moliere aufführen, dann wird diese deutsche Grille, wenigstens in Melusina aufhören, dann wird dieses deutsche Vorurtheil sich bald verlieren. Wie verständlich sind die Winke, die Moliere dem Gesinde, den Kindern, den Weibern giebt, ihre Herrschaften, Eltern und Männer zu hintergehen, zu betrügen und lächerlich zu machen, sie sind so verständlich, daß man ein Klotz seyn müßte, wenn man sie nicht verstehen wollte.

Fr.

Fr. Ja! Ja! Moliere wird allerdings noch lange Muster bleiben.

Pr. In dieser Rücksicht gewiß. Haben Sie denn aber nicht einen Plan zur Aufklärung unsers Geschlechts? etwa eine neue Art von Frisur, Kopfputz, Schnürbrüsten, Pochen oder Schminken?

Fr. Sie spötteln! sie spötteln! ich habe es lange gemerkt. Das können Sie mir doch aber nicht leugnen, daß unsere Nation in Erfindung solcher Sachen unerschöpflich ist.

Pr. Das gebe ich Ihnen, und mit mir jedes deutsche Frauenzimmer, zu. Sie haben damit auch einen unleugbaren Beweiß ihrer Menschenliebe gegeben, indem sie uns die Mittel zeigten, alle unsere Gebrechen zu verbergen. Seit dem die Aufklärung aus Frankreich sich über Deutschland verbreitet, scheint alles menschliche Elend aufzuhören. Der Kahlkopf bekommt Haare, der Graukopf verwandelt sich in einen Jüngling, das durch Ausschweifungen und Alter verwelkte Mädchen, fängt wieder an, aufzublühen, die bucklichten und hochschultrigten werden gerade, und die unvollendeten, erlangen

ihre

ihre natürliche Größe; das heiße ich doch Menschenliebe und Aufklärung!

Fr. Sie haben vergessen, noch hinzuzusetzen, daß durch unsere Erfindungen viele tausend menschliche Hände in Thätigkeit gesetzt werden.

Pr. Das ist unleugbar. Die Deutschen haben aber die Grille, bey den Geschäfften der Menschen zu fragen: wozu nützen sie? sie glauben, eine Hand die spinnt und webet, sey nützlicher, als eine andere, die Kopfputz macht, frisirt, oder Schminke bereitet; der Mann, der Mehl macht, stifte mehr Gutes, als der Mann, der Puder bereitet; die Kunst, Seife zu verfertigen, sey für die menschliche Gesellschaft wichtiger, als die Kunst, Pomade zu bereiten. Wir haben auch die Kunst, die Charten gut zu mischen, und glauben, das Chartenspiel beschäftige wenigstens eben so viele Hände, als alle die Künste, die ich hier genennt habe.

Fr. Die Zeit ist kurz, ich muß aufbrechen! Ich bekomme künftig jährlich 4000 Livr., die gönnen Sie mir doch, meine Schönen?

Pr. Ich von ganzem Herzen.

Ich.

Ich. Und ich auch.

Fr. Nun wozu wollen wir uns denn streiten? Friede! Friede! zur Versiegelung des Friedens, einige Küsse! (die Arme ausbreitend.)

Pr. (zurückspringend) Küsse?

Fr. O bestes Mädchen! Engel! Warum sind Sie so spröde?

Pr. Weil ich in Deutschland erzogen bin.

Fr. Ich versichere auf Ehre, daß ich schon viele deutsche Weiber und Mädchen geküsset habe.

Pr. Vermuthlich solche, die sich nach Ihnen bildeten. Das ächte deutsche Weib und Mädchen, erlaubt nur dem Manne, dem treuen Liebhaber, dem bewährten Freunde einen Kuß.

Fr. Und warum nicht jedem, der zu leben weiß?

Pr. Aus Besorgniß, angesteckt zu werden.

Fr. Das war zu deutsch! (unwillig fortgehend) Leben Sie wohl!

Pr. Sie auch! und statt des Kusses bitte ich noch um etwas!

Fr. Das heist?

Pr. Daß Sie die Lettres de cachet nicht etwa im Fürstenthume Melusina einführen. Den Deutschen wollen sie nicht behagen.

Fr.

Fr. Sacre bleu! (abgehend.)

J. Ihro Durchlaucht!

Pr. Nu?

J. Das war doch wirklich zu bitter!

Pr. Bitter? War es wahr?

J. Wahr wohl! aber —

Pr. Nun, wenn es wahr war, so ist es gut, die Wahrheit ist allemal etwas bitter.

J. Aber die Blößen einer ganzen Nation aufzudecken. —

Pr. Was schwätzest du da? Hast du mich gar nicht verstanden? jede Nation hat ihre Blößen, und wenn alle Nationen, die auf Gottes Erdboden wohnen, zusammentreten, und einander ihre Blößen und Schwächen aufdecken wollten; so würde am Ende kein ander Geständniß, als dieses, herauskommen — Wir sind allzumal Sünder.

Wenn aber eine Nation die Prätension hat, sie wäre Muster für andere, von ihr müsse die Aufklärung über die übrigen Menschenkinder ausgehen: dann ists doch wohl Pflicht, sie ein wenig zurecht zu weisen. Das Gute, das die Franzosen an sich haben, verkenne ich gar nicht. Ich schäz-

schäze diese Nation sehr! wenn aber die Rede davon ist, daß wir uns nach ihr bilden sollen; dann werde ich allemal bitter. Es ist doch ganz entschieden, daß wir sie in Ansehung der Finanzwissenschaft, der Gesetzgebung, der Toleranz, des Gefühls für Natur und Wahrheit, der Festigkeit des Charakters, der körperlichen Kraft, und in hundert Stücken mehr, sehr weit hinter uns zurücklassen. Und diese Nation soll unser Muster seyn? das ist nicht auszuhalten. Glaube mir Caroline! so lange der Deutsche sich nach den Franzosen bildet, so wird nichts aus ihm! der Deutsche hat so viele Kräfte des Geistes und des Körpers, denkt so tief und wahr, hat bisher so vieles gewirkt, ist so ehrlich und brav! Sobald er sich aber nach den Franzosen bildet, so ist er nichts, als — ein Affe. Unsere Staaten werden nichts als — Affenstaaten, sobald wir die Originale dazu jenseits des Rheins holen. Und — wenn ich es dir ganz aufrichtig sagen soll —

Ende des dritten Aufzugs.

Izo traten wieder zwey Reisende herein, die mit Extrapost angekommen waren. Der eine war

war — Herr Superintendent Wenzel, der andere ein Unbekannter.

Was ich bey diesem Anblicke empfand? das kannst du dir leicht vorstellen. Ich trat, nach einer Verbeugung, an das Fenster, und meine Prinzessin war so gnädig, daß sie sogleich ein Gespräch anfieng, um mir jene Verlegenheit auf das möglichste zu erleichtern.

Pr. Der Herr Superintendent reisen also wieder zurück?

S. Ja! Ihro Durchlaucht! wenn man bestimmte Geschäfte hat, so ist man oft in der unangenehmen Nothwendigkeit, Oerter zu verlassen, wo man sich Lebenslang zu verweilen wünschet.

Pr. Ich freue mich, wenn es Ihnen in Kolchis gefallen hat. Sie haben doch einen Reisegefährten! Wenn man einen guten Reisegefährten hat, so scheint der Weg um die Hälfte kürzer zu seyn: Darf ich nach seinen Namen fragen?

S. Es ist der Herr Bildhauer Winkeler, der eine Reise nach Italien thut.

Pr. Ich freue mich, Sie kennen zu lernen. Sie reisen also nach Italien?

W.

W. Allerdings!

Pr. Darf ich wissen, in was für Absichten?

W. Blos um die Natur zu studieren, und mir daher Regeln für die Vervollkommnung meiner Kunst zu abstrahiren.

Pr. Aber Lieber! muß man wohl nach Italien reisen, um die Natur zu studieren? Haben wir in Deutschland die Natur nicht so gut, als in Italien?

W. Erlauben Sie mir! meine Geschäffte bringen es mit sich, die Natur in dem menschlichen Körper zu studieren, und da muß ich Ihnen denn freymüthig gestehen, daß ich in dieser Rücksicht, die Natur in Deutschland vermisse.

Pr. Das wäre sehr traurig.

W. Traurig freylich, es ist aber so! ich habe verschiedenemal Gelegenheit gehabt, sowohl männliche als weibliche Personen nacket zu sehen, und habe immer gefunden, daß die Natur ganz verdrängt ist. Der Körperbau bey dem weiblichen Geschlechte ist gemeiniglich verwachsen, und die Muskeln sind bey beyden matt und kraftlos.

Pr. Und woher mag dieses kommen?

W.

W. Erstlich von unsrer Lebensart, weil keine Anstalten da sind, unsere körperlichen Kräfte auszubilden. Tanzen, Fechten, Reuten, grobe körperliche Arbeit, das ist alles, was wir haben. Dieß ist aber noch lange nicht hinlänglich, unsern körperlichen Kräften die nöthige Vollkommenheit zu geben. Hierzu kommt noch unsere alberne Kleidung.

Pr. Die Kleidung? ich wünsche, daß Sie sich deutlicher erklärten!

W. Die Deutlichkeit ist in diesem Falle sehr leicht. Lassen Sie uns vom Kopfe anfangen, und bis auf die Füße fortgehen. Auf dem Kopfe sitzt die Frisur, welcher Mensch der nur einiges Gefühl für Wahrheit und Schönheit hat, ist vermögend, einen frisirten Kopf in Stein zu hauen? Der Meisel sinkt ja in der Hand, wenn man so ein Monstrum erblickt. Der Hals ist, bey dem männlichen Geschlechte durch eine Binde zugeschnürt, und unfähig gemacht, seine Muskeln sich entwickeln zu lassen. Wenn die Halsbinden ihre Wirkungen thun, so erzeugen sie, nicht Menschenhälse, sondern Storchshälse. Die Arme sind durch enge Kleidung zusammengepreßt, und die Hände, wenigstens bey den Mannspersonen, durch Hemdeknöpfe unfähig gemacht, ihre Wirksamkeit hinlänglich genug zu beweisen. Der Theil vom Halse bis zum Unterleibe, ist bey allen Frauenzimmern, die Schnürbrüste tragen, verwachsen, eine Schulter ist höher, als die andere, das Rückgrad hat eine schiefe Richtung, und die Brüste sind ohne Aufstrebkraft. In Ansehung der Hüften ist Disproportion. Der Unterleib, der in den alten Statuen so vielen Reiz hat, ist zusammengepreßt *). Weiter will ich mich nicht erklären. Aber daß das deutsche Frauenzimmer genöthigt ist, sich culs de Paris machen zu lassen, sagt alles, was ich zu sagen hätte.

Gehe ich weiter, so sind bey den Mannspersonen unter den Knieen alle Nerven durch Kniegür-

*) Wer dieß für übertrieben hält, der lese nach: Ueber die Schädlichkeit der Schnürbrüste, zwey Preißschriften, durch eine Preißfrage der Erziehungsanstalt zu Schnepfenthal veranlaßt, wo in der ersten, Herr Professor Sömmerring ganz augenscheinlich aus dem Baue der weiblichen Brust darthut, daß diese allemal durch die Schnürbrust verschoben werde.

gürtel und Strumpfbänder zusammengepreßt und unfähig gemacht, ihre Kraft zu äussern; die Waden, deren Vollheit zur Schönheit des menschlichen Körpers so nöthig ist, werden durch die gewöhnlichen Stiefeln ganz zusammengedruckt. Soll ich Ihnen noch meine Meynung von den Füßen sagen: so muß ich Ihnen gestehen, daß ich, weder bey dem männlichen, noch bey dem weiblichen Geschlecht einen natürlichen Fuß je gesehen habe. Alle waren durch die Schuhe und Stiefeln unnatürlich zusammengepreßt. Kein Zähe hatte seine natürliche Lage, die mehresten waren mit Leichdornen und Hüneraugen besetzt.

Pr. Sie sagen unserer Nation bittere Wahrheiten, das muß ich gestehen. Glauben Sie aber wohl, daß die Italiener klüger als wir sind?

W. Gar nicht! ich will die Natur keinesweges bey den Italienern, sondern an den Ueberbleibseln vom alten Rom und Griechenland studiren.

Pr. Nun diese waren freylich der Natur näher als wir. Wie reimt sich aber die, bey ihnen gewöhnliche, Entblößung des grössern Theils des Körpers zu unserer Schamhaftigkeit?

W.

W. Erlauben Sie mir! Es giebt eine wahre und eine falsche Schamhaftigkeit. Die letztere ist allemal höchst gefährlich.

Pr. Wie verstehen Sie das?

W. Ich muß Ihnen gestehen, daß Ihre Gesichtsbildung großen Eindruck auf mich gemacht hat. Wollten Sie aber Ihr Gesicht mit einem Schleyer bedecken: so würde der Eindruck für mich noch viel gefährlicher seyn. Ihre Hand ist, ohne Ihnen zu schmeicheln, sehr schön, weit schöner aber denkt sie sich meine Einbildungskraft, sobald Sie dieselbe, in einem Handschuh verbergen.

Pr. Sie wollten aber von wahrer und falscher Schamhaftigkeit reden.

W. Ich habe bereits davon geredet. Gewisse Theile des Körpers zu verhüllen, erfordert das Gefühl, das allen gesitteten Menschen eigen ist. Die Verhüllung derselben ist die Wirkung der wahren Schamhaftigkeit. Die zu sorgfältige Verbergung anderer, z. E. der Arme, Hände und Füße, ist falsche Schamhaftigkeit, die, nach meiner Empfindung mehr Schaden als Nutzen stiftet.

Pr.

Pr. Ich kann Ihnen nicht beystimmen. Stellen Sie sich vor, lieber Mann, daß Manns- und Weibspersonen anfiengen, mit entblößten Armen und Füßen zu gehen, was für Irregularitäten würden hieraus entstehen!

W. Dieß glauben Sie wirklich? Darf ich bitten, mir die Grundsätze anzugeben, worauf Ihre Vermuthung beruhet?

Pr. Mein Gefühl sagt mir dieß!

W. Verzeihen Sie mir, daß ich Ihnen widersprechen muß! Mit dem Gefühle ist es eine sehr mißliche Sache! Jeder Mensch hat sein eignes Gefühl, so, wie seinen eigenen Geschmack, und hat daher kein Recht, sein Gefühl, oder seinen Geschmack, als allgemeinen Maasstab der Wahrheit anzupreisen. Nach meiner Ueberzeugung würden aus dem Anblicke der entblößten Theile des menschlichen Körpers, anfänglich deswegen Irregularitäten entstehen, weil man an den Anblick noch nicht gewöhnt war.

Pr. Ehe man aber daran gewöhnt würde, — Wie viele junge Leute würden sich unglücklich machen!

W. Viele! das gestehe ich Ihnen zu! aber gewiß nicht so viele als es durch die übertriebene Verhüllung der Glieder wurden.

Pr. Wie verstehen Sie das?

W. Erlauben Sie mir, daß ich ganz freymüthig sprechen darf?

Pr. Ganz freymüthig!

W. Nun, da muß ich Ihnen ganz freymüthig als Mannsperson gestehen, daß kein Theil des weiblichen Körpers auf mich grössern Eindruck gemacht habe, als — das Auge. Wann ich so ein pechschwarzes, feuriges, blitzendes, oder ein blaues, recht schmachtendes Auge erblickte, dann wurde mein Blut immer in Wallung gesetzt, und meine Einbildungskraft mahlte dann alles aus, was die Kleider verbargen, und bald stand eine Mediceische Venus vor mir. Gesetzt nun, daß ein Frauenzimmer, das solchen Eindruck auf mich machte, sich, so weit es der natürliche Wohlstand erlaubte, sogleich entblößt hätte, glauben Sie, daß meine Begierden würden seyn vermehrt oder vermindert worden?

Pr. Ich streiche die Segel. Ich glaube wirklich in vielen Fällen würde das sicherste Mittel

tel, den Eindruck zu mäßigen, den eine Person des andern Geschlechts gemacht hat, dieses sey, daß man sie in ihrer natürlichen Blöße zeigte.

W. Ganz gewiß!

Pr. Sie scheinen also wirklich zu wünschen, daß die Menschen ihren Körper weniger gegen einander verhüllten?

W. Dieß ist freylich mein Wunsch, der, wenigstens in diesem Jahrhunderte, nicht wird erfüllet werden. Ich glaube, die Kraft des Menschen und seine Moralität, würde dabey mehr gewinnen *).

Pr.

---

*) Meine jungen Leserinnen bitte ich, diese Stelle wohl zu beherzigen. Es sind dieß Gedanken eines Bildhauers, deren Richtigkeit oder Unrichtigkeit ich unentschieden lasse. Um davon urtheilen zu können, müßte man sich wohl folgende Fragen beantworten: ob gewisse Theile des andern Geschlechts, die, ohne den Wohlstand zu beleidigen, entblößet werden können, mehr Eindruck machen, wann man sie sieht, oder wann die erhitzte Einbildungskraft das Bild davon entwickelt? Ob die Muskeln mehr Kraft bekommen, wann sie frey wirken, und dem Einflusse der frischen Luft ausgesetzt sind, oder

Pr. Ihr Wunsch ist gut gemeynt, mich dünkt, er passe aber nicht für unser Clima. Wir leben weder in Italien, noch in Griechenland, sondern in Deutschland.

W. Wir tragen doch aber unser Gesicht blos, warum nicht auch andere Theile des Körpers?

Ende des vierten Aufzugs.

Das Gespräch zwischen der Prinzessin und dem Bildhauer dauerte noch einige Zeit, ich aber hörete nichts mehr davon. Das Blut trat mir nach dem Herzen, die Ohren fiengen mir an zu klingen, und vor den Augen wurde es mir schwarz.

Die-

oder wann man sie einpreßt, und gegen die Einwirkungen der Luft sie schützt? daß aber Füße Arme und Brust eben sowohl zur Aushaltung der Kälte könnten gewöhnt werden, als das Gesicht, ist bey mir entschieden. Wenn man nur von Jugend auf sich an kalte Bäder gewöhnte, von Jugend auf diese Glieder jeder Art von Witterung aussetzte, so würde uns alle Kälte unschädlich seyn. Wenn bisweilen Hände und Füße erfrieren: so kommt dieß nicht von der Kälte, sondern von der Wärme her, an die wir sie gewöhnt haben. Das in der Stube er-

Diese Schwachheit wirst du mir vermuthlich verzeihen, wenn ich dir die Veranlassung dazu sage.

Herr Wenzel, der mich, während des Gesprächs, immer von der Seite beobachtet hatte, näherte sich nun mir, und fragte: haben Sie mein Billet erhalten?

J. Ein Billet? ich? von Ihnen?

W. Ich habe es Ihnen vor meiner Abreise zugeschickt.

J. In meine Hände ist kein Billet gekommen!

W.

erzeugte Gewächs erfriert, wenn es der kalten Luft ausgesetzt wird, ein anderes von der nämlichen Gattung, das im Freyen erzogen wurde, hält in der strengsten Witterung aus. Ich habe selbst zwey Kinder einer sehr würdigen Fürstin bey nasser, unfreundlicher Witterung baarfuß gehen sehen, ohne davon eine andere Wirkung als diese zu bemerken, daß sie weit blühender, gesunder und fester, als andere Kinder, waren bey denen die Füße sehr sorgfältig vor Nässe und Kälte verwahret werden.

Anm. d. Herausg.

W. Vermuthlich, weil Sie schon abgereist waren! Sie sind früher als ich, ausgefahren.

J. Was war der Inhalt dieses Billets? Haben Sie die Güte, mir ihn mitzutheilen; so kann ich es vielleicht auf der Stelle beantworten.

W. Der Inhalt war zu wichtig, als daß darauf auf der Stelle geantwortet werden könnte.

J. Wichtig? wichtig? Sie spannen meine Neugierde aufs höchste.

W. Die bey Ihrer Zurückkunft befriedigt werden wird. Haben Sie nur die Güte, daß Sie sich mit der Antwort nicht übereilen! Ich kann zwey, und, wenn Sie wollen, vier Wochen auf Antwort warten. In Angelegenheiten, die die Bestimmung unsers ganzen künftigen Schicksals betreffen, kann man seine Entschliessung nicht langsam genug fassen.

J. Die Bestimmung meines ganzen künftigen Schicksals? Erklären Sie sich doch deutlicher!

W. Meine Erklärung ist geschehen! Verzeihen Sie mir meine Freymüthigkeit!

Nun küßte er meine Hand und verließ mich.

Nach=

Nachdem ich ein paar Minuten gedankenlos durch das Fenster gesehen hatte, näherte ich mich der Prinzessin, und flüsterte ihr ins Ohr: Ihro Durchlaucht sehen meine Verlegenheit. Schonen Sie eines armen Mädchens! Lassen Sie uns abreisen!

Pr. Närrchen! Laß in diesem Augenblicke die Pferde anspannen! die Reise ist um deinet= willen angestellt, und ich richte mich auf dersel= ben blos nach dir!

Geschwind entfernte ich mich, ließ unsern Kutscher rufen, befahl ihm anzuspannen, und versprach ihm einen halben Gulden, wenn er uns recht geschwind zurück bringen würde.

Meine Versprechung that ihre Wirkung, in etlichen Minuten war der Wagen angespannt, wir beurlaubten uns von der Gesellschaft, ich, in sicht= barer Zerstreuung, setzten uns in den Wagen, und fuhren fort, so schnell, wie ein Vogel fliegt.

Meine Prinzessin druckte meine Hand, und sagte: armes Mädchen! ich kann mich ganz in deine Lage denken. Du leidest!

J. Ich leide Ihro Durchlaucht! und fühle es ganz, wie discret Sie mich behandeln.

So

So wurde im Allgemeinen fortgesprochen, wieder einige Minuten pausirt, das Gespräch auf gleichgültige Dinge gelenkt, bis wir wieder in Kolchis ankamen.

Sobald ich meine Prinzeſſin auf ihr Zimmer begleitet hatte, entfernte ich mich, ſchellte dem Bedienten, und fragte: ob kein Brief an mich angekommen wäre?

Allerdings ſagte er, holte ihn, und übergab ihn mir. Zitternd eröffnete ich ihn, zeigte ihn meiner Prinzeſſin, und ſchrieb, mit ihrer Einwilligung, ſogleich darauf die Antwort.

Brief und Antwort, erhältſt du hierbey, und zugleich, nebſt Entwickelung des Knotens, Ende des fünften Aufzugs.

Ich bin, mit der aufrichtigſten Liebe,

Deine

treue Schweſter,
Caroline.

Fünf

Funfzehnter Brief.

Der Superintendent Wenzel an Caroline Menzerin.

Kolchis den 28 März.

Würdige Freundin!

So nenne ich Sie, seitdem ich aus den Nachrichten, die mir unser Carlsberg, von Zeit zu Zeit von Ihnen gab, bemerket habe, daß wir über viele Punkte mit einander gleich denken. Ich weiß nicht, ob Sie mit mir auch darinne übereinstimmen, daß der Mensch, um seiner Bestimmung ganz gemäß zu leben, wenn es seine Kräfte und übrigen Verhältnisse erlauben, sich verehelichen müsse. Ich denke so!

Bisher setzten mich meine Verhältnisse in die unangenehme Nothwendigkeit, meinen Wunsch nach dem Ehestande zu unterdrücken. Seitdem die Vorsehung dieselben aber, durch meinen Ruf zur Superintendentur, abgeändert hat, denke ich im Ernste darauf, ein liebes Mädchen zu finden, mit dem ich mich, zum gemein-
schafts-

schaftlichen Genuß der Freuden, und zur gemeinschaftlichen Duldung der Leiden dieses Lebens, verbinden könnte.

Um es zu finden, hätte ich suchen sollen. Dieß war mir aber, nach den Schilderungen, die ich von Ihrem vortreflichen Charakter, theils durch den Herrn von Carlsberg, theils durch andre Freunde erhalten hatte, unmöglich. In Ihnen war, nach meiner Empfindung, bereits alles vereinigt, was ich suchte. Ich wünschte also kein anderes Mädchen zu meiner Gefährtinn, auf dem Wege dieses Lebens, als Sie, meine Theureste. Ehe ich aber Sie um die Befriedigung meines Wunsches bitten durfte, mußte ich Sie erst von Angesicht sehen. Denn ob ich es gleich für Empfindeley halte, wenn man einen Menschen deswegen zurücksetzt, weil er in seiner Gesichtsbildung etwas widriges hat: so glaube ich doch, daß die Person, mit der man sich auf Lebenslang verbindet, in ihrem Gesichte nichts, das unsern Empfindungen unangenehm ist, haben dürfe.

Um also, nachdem ich Ihren, lieben, freundschaftlichen, für Natur und alles Gute

empfänglichen Charakter hatte kennen lernen, auch Ihre Gesichtsbildung mir bekannt zu ma=
chen: wartete ich Ihrer würdigen Prinzeßinn, in der Hoffnung, auf, Sie bey dieser Gelegen=
heit zu sehen.

Ich sahe Sie! und — die Verlegenheit, in die mich Ihr Anblick versetzte, wird Ihnen schon gesagt haben, daß Ihr holder, offner, fe=
ster Blick, das Gesichte, auf dem der liebens=
würdigste Charakter zu lesen war, den stärksten Eindruck auf mich gemacht habe.

Ich gestehe es Ihnen also freymüthig, daß ich itzo keinen herzlichern Wunsch habe, als — Sie die meinige nennen zu dürfen, und bitte des=
wegen um Ihr Herz und Ihre Hand. Ich würde diese Bitte nicht wagen, wenn ich nicht zuverläßige Nachrichten hätte, daß Beydes noch frey wäre.

Fragen Sie nun, meine Beste, Ihren Verstand und Ihr Herz, ob Sie glauben, mit mir glücklich leben zu können. Mein Aeußerli=
ches haben Sie gesehen. Von meinem Charak=
ter können Sie leicht Nachricht einziehen. Von
Ver=

Vermögensumständen darf unter Personen, wie Sie und ich sind, niemals die Rede seyn. Wer seine Kräfte ausgebildet hat, verschafft sich, durch sich selbst, alles, was er bedarf.

So angenehm es mir nun wäre, von Ihnen bald eine erfreuliche Antwort zu erhalten: so bitte ich doch sehr, sich nicht zu übereilen! Mein Schicksal soll blos von dem Ausbruche Ihres Verstandes und Herzens abhängen! Beyde müssen aber Zeit haben, wenn sie richtig urtheilen sollen.

Mit der aufrichtigsten Liebe und Hochachtung bleibe ich, auf jeden Fall

der Ihrige
Wenzel.

———

N.

N. S.

Da ich Sie sahe: waren Sie frisirt und trugen eine Schnürbrust. Ich müßte mich in Ihnen ganz irren, wenn ich diese unnatürliche Verunstaltung Ihres schönen Körpers, Ihrer eigenen Wahl zuschriebe. Wenn ich das Glück haben sollte, Sie die Meinige, zu nennen, so fällt doch wohl alles weg, was Sie aufhält, Ihrer Bestimmung als Erdbürgerinn, Gattinn, Mutter, gemäß zu leben?

Nach den Verhältnissen, in denen Sie bisher lebten, muß Ihnen der Name Superintendent vermuthlich eben so unangenehm seyn, als mir, der Anblick einer Schnürbrust. Ich kann diesen Namen nicht so leicht, wie Sie Ihre Schnürbrust, ablegen! doch hoffe ich, durch mein Betragen gegen Sie, Sie zu überzeugen, daß nicht alle Superintendenten, wie der Grünauische, denken.

Sechzehnter Brief.

Caroline Menzerin an den Superintendent Wenzel.

Kolchis, den 29 März.

Würdiger Mann!

Wenn ein Mädchen an einen Mann, von Ihrem Charakter, schreibt: so kann es wohl in etwas die Gränzen der Etiquette überschreiten, die Frauenzimmern, in ihrem Briefwechsel mit Mannspersonen, so nöthig zu beobachten ist!

Ich lasse Sie also, ganz ohne Zurückhaltung, in mein Herz sehen.

Der Verlust meines Rollow hat mich sehr gebeugt. Einige Wochen war ich ganz untröstlich. Dann fühlte ich das Bedürfniß, seine Stelle ersetzt zu wissen. Verschiedene Mannspersonen, bewarben sich um meine, ich weiß nicht, wie ich es nennen soll, meine Freundschaft? oder um meine Liebe? keinem gab ich Gehör, weil ich in keinem nur den Schatten von meinem Rollow fand. Nur wann ich die Schilderungen hörete, die mir meine Freunde und Freundinnen, von Ihrem vortreflichen Charakter

rakter machten, nur dann hielt ich es für mög=
lich, daß Rollows Verlust ersetzt werden könnte.

Ich sahe Sie — welchen Eindruck Ihr
Anblick auf mich machte, wird Ihnen meine
Verwirrung hinlänglich gesagt haben.

Seit unserer Unterredung war es um meine
Gemüthsruhe ziemlich geschehen. Ich glaubte
an keines andern Mannes Seite, als — an
der Ihrigen mein Glück finden zu können. Doch
bekämpfte ich meine Neigung, durch Rollows
Grundsätze gestärkt.

Unter diesen Umständen erhielt ich Ihren
Brief — urtheilen Sie selbst, was für Wirkung
er auf mich gethan habe!

Ja, würdiger Mann! ohne die geringste
Bedenklichkeit, übergebe ich Ihnen Herz und Hand,
mit der herzlichen Versicherung, daß ich keine
Mannsperson kenne, gegen die ich, so innige
Liebe und Hochachtung empfände, als Sie.
Glauben Sie ja nicht, als wenn meine Erklä=
rung übereilt sey. Schon seit einigen Monaten,
habe ich Ihren Charakter studirt und hochgeschätzt,
der Anblick Ihrer Person erhöhete nur meine
Hochschätzung und verwandelte sie in Liebe.

Auch

Auch habe ich meinen Entschluß meiner würdigen Prinzessinn mitgetheilt, die ihn vollkommen billigte. Sie läßt sich Ihnen empfehlen.

Daß ich an der Seite eines so vortreflichen, ausgebildeten, Mannes nie Mangel leiden werde, weiß ich gewiß. Bin ich zu schwach zur Erwerbung unserer Bedürfnisse selbst etwas beyzutragen; so will ich mir es wenigstens zur Pflicht machen, den treuen, thätigen, Versorger bey seinen Geschäften aufzuheitern, und, soviel ich kann, allen Kummer von seiner Seele zu entfernen.

Wenigstens soll Ihnen, wie ich hoffe, die Herbeyschaffung meiner Bedürfnisse keinen Kummer machen. Wenn Sie am Ende des Monats die Ausgaben durchsehen, die Ihnen meine Unterhaltung nothwendig machte: so sollen Sie wenigstens die Artickel, für Putz, Vergnügungen, Medicin, entweder gar nicht, oder doch äußerst unbeträchtlich finden.

Das versteht sich, daß ich der Schnurbrust der Frisur und allem, was damit zusammenhängt, auf ewig entsage, sobald ich mich vom Hofe entferne. Gar sehr freue ich mich auf den Zeitpunkt, wo meine Lunge wieder frey athmen,

mein

mein Herz ungehindert schlagen, und ich selbst, meiner Fesseln entledigt, in Gottes schöner Natur wandeln, die stärkende Morgenluft einathmen, und den erquickenden Morgenthau auf mich fallen lassen kann.

Wie können Sie glauben, daß mir der Name Superintendent unangenehm sey! Mich hat kein Superintendent sondern ein Heuchler gekränkt, und meine Hand gebe ich ebenfalls nicht dem Superintendenten, sondern dem braven Manne.

Mit der aufrichtigsten Gesinnung bin ich

Ihre,

Sie herzlichliebende
Caroline Menzerin.

Siebenzehnter Brief.

Der Diakonus Kollow an den Kaufmann Kolbert.

Grünau, den 3 April.

Theuerster Freund!

Ich schicke Ihnen hierbey dankbarlich die 200 Thl. zurück, die ich von dem Juden Baruch Löwe, erborgt habe, nebst Interesse, und bitte beydes, gegen Rückgabe des Wechsels, meinem Gläubiger zuzustellen.

Wollten Sie mir auch die Briefe zurückschicken, die ich Ihnen bey dieser Gelegenheit schrieb, so erzeigten Sie mir eine große Gefälligkeit. Ich schrieb sie in einem starken Anfalle von Hypochondrie, und wollte gar nicht gern, daß sie in anderer Leute Hände kämen, und ich darnach beurtheilt würde. Künftig werde ich hoffentlich nie wieder einen so kleinmüthigen Brief schreiben.

Da meine Verlegenheit aufs höchste gestiegen war: fiel mir die Stelle ein, nehmet wahr der Raben! Sie fiel mir aufs Herz und verursachte mir eine schlaflose Nacht. In dieser glaube ich

ich aber auch den wahren Sinn dieser Stelle gefunden zu haben. Sehet auf die Raben, das heißt, nach meiner Erklärung, soviel als: an den Raben könnt ihr lernen, daß jedes Geschöpf von seinem Schöpfer die Kraft erhalten habe, sich alle seine nothwendigen Bedürfnisse zu verschaffen. Daraus folgerte ich, daß die Armuth der Menschen einen doppelten Grund habe: einmal die unnöthige Vervielfältigung ihrer Bedürfnisse, hernach ihre Trägheit, ihre Abneigung ihre Kräfte kennen zu lernen, sie zu gebrauchen, und anzustrengen. Dann dachte ich, wenn dem Menschen 200 Thl. schlechterdings Bedürfniß sind: so muß er sie eben sowohl sich verschaffen können, als der Rabe sein Frühstück. 200 Thlr. wollen freilich etwas mehr sagen, als ein Paar Mäuse, oder ein Stück Aas, von dem sich der Rabe zu sättigen pflegt. Dem Raben wurde aber auch weiter keine Kraft, sich seine Bedürfnisse zu erwerben, zugestanden, als der Geruch, die Flügel, der Schnabel, und die Krallen. Der Mensch hingegen hat Verstand, eine Zunge und Hände, womit er mehr als eine Million Raben ausrichten kann. Und die Mittel, die die Menschen erfinden
kön=

können, sich aus ihren Verlegenheiten zu retten, sind so mannichfaltig, daß sie kein menschlicher Verstand zu übersehen vermögend ist.

Da ich mir dieß alles nun recht lebhaft dachte, mußte ich über mich selbst lachen, daß ich mich vor der Erwerbung von 200 Thlr. so sehr gefürchtet hatte, wie der Rabe vor einem Falken. Ich fieng an über meine Talente, meine Verhältnisse und meinen Wirkungskreis, nachzudenken, und fand da so viele Mittel, nicht nur diese 200 Thl. zu bezahlen, sondern auch mich künftig gegen Schulden zu sichern und meine Familie, ohne Kummer zu erziehen, daß ich mich meiner vorigen Kleinmuth, gegen mich selbst schämte.

Eben deswegen bitte ich nochmals um die Zurückgabe meiner Briefe.

Mit der aufrichtigsten Gesinnung

Ihr

Freund
Rollow.

Achtzehnter Brief.

Carl von Carlsberg an den Obersten von Brav.

Troppenheim, den 16 April.

Bester Herr Vetter!

Vermuthlich werden Sie mich, nebst meiner lieben Braut, itzo erwarten. Statt unserer erhalten Sie aber nur einen Brief.

Sie sind, liebster Herr Vetter, ein Mann, dem ich soviel Kraft zutraue, daß auch die unangenehmste Nachrichten ihn nicht ganz in seiner Gemüthsruhe stören können. Ich trage also kein Bedenken, Ihnen einen Unfall, der uns begegnete, zu melden, der zwar schrecklich ist, aber doch sich so entwickelte, daß dadurch unsere Glückseligkeit nicht zerstört wurde.

Ich reiste zu meiner lieben Henriette. Die Begierde sie, nach einer langen Trennung, wieder zu umarmen, nach tausend überwundenen Schwierigkeiten, die Meinige nennen zu können, und, nach Ihrem Wunsche, an Ihrem Geburtstage bey Ihnen Hochzeit zu halten, waren Spornen genug, meine Reise zu beschleunigen.

Da ich beynahe Sollnau erreicht hatte, ließ ich den Postillion Halt machen, stieg ab, und sagte ihm, daß er, ohne in das Posthorn zu stoßen, nach der Post fahren sollte.

Ich selbst schlich aber nach dem Amthause zu. Bey meinem Eintritte traf ich ein Dienstmädchen an, das ich sogleich fragte, ob Mademoiselle Henriette zu Hause sey, und ob ich sie nicht sprechen könne?

Zu Hause ist sie wohl, war des Mädchens Antwort, ich weiß aber nicht, ob sie sich gern sprechen läßt. Sie bringt eben die Wäsche in Ordnung. Wir sind noch nicht lange hier angekommen, da ist noch alles unordentlich.

Das thut nichts! Sage Sie mir nur, antwortete ich, wo ich sie finde!

Wenn Sie die Treppe hinauf gehen, und die Thür öffnen wollen, die gleich darauf stößt, so werden Sie sie antreffen. Ich kann Ihnen ja den Weg zeigen.

Es ist nicht nöthig, war meine Antwort, bleibe sie zurück! ich will mich schon finden. Leise schlich ich mich zur Treppe hinauf, öffnete diese

Thür

Thür des Zimmers, und sahe das holde Mädchen ganz damit beschäftigt, die Wäsche in Ordnung zu bringen. Einige Minuten war ich unentschlossen, ob ich sie sogleich überraschen, oder sie erst zur Ueberraschung vorbereiten sollte. Endlich entschloß ich mich zum letztern, weil ich besorgte, durch die zu schnelle Ueberraschung ihr zu schaden.

Deswegen schloß ich leise die Thür wieder zu, gieng zu dem Mädchen zurück, und trug ihm auf, der Demoiselle Henriette zu sagen, es wäre ein Bote da, der nach Carlsberg gienge, und den Auftrag hätte, bey ihr anzufragen, ob sie nichts dahin zu bestellen habe.

Das Mädchen befolgte meinen Auftrag, und ich stellete mich hinter die Thür, um zu erfahren, wie es würde aufgenommen werden.

Nach Carlsberg? fragte Henriette heftig. Hat er denn keinen Brief an mich?

M. Ich weiß von keinem.

H. Das ist doch sonderbar, ich habe ja zuletzt geschrieben. Hat er denn wirklich den Auftrag, bey mir anzufragen?

M.

M. Wie er sagte.

H. So laßt ihn doch herein kommen!

Sie hatte es kaum gesagt, so stund ich auch schon vor ihr.

Mein Carl! rief sie aus, flog an meinen Hals, ihre Thränen flossen über meine Backen, und meine Augen wurden auch naß.

Sie haben, liebster Herr Vetter, selbst geliebt, und können sich also leicht selbst diese Scene ausmahlen. Nach einer wechselseitigen Ergießung der Herzen, führte sie mich ihrem Vater zu, der mich sehr liebreich aufnahm. Da ich ihm sagte, daß ich deswegen gekommen sey, um seine Tochter mitzunehmen, und mich sogleich mit ihr trauen zu lassen, machte er mir eine Menge Einwendungen. Er müsse, sagte er, erst für die Ausstattung sorgen, dazu habe er noch keine Anstalten gemacht, seine Casse sey nicht in den besten Umständen. Da ich ihn aber versicherte, daß ich gar keine Ausstattung, keine Kleidung, gar nichts als seine Tochter verlangte, gab er mir seine Einwilligung.

Den

Den folgenden Tag reiseten wir ab, ohne ihn. Weil er versicherte, daß ihm seine Geschäfte schlechterdings nicht erlaubten, uns zu begleiten.

Itzo saß ich also im Wagen, an der Seite des Mädchens, das mein Herz unter allen Frauenzimmern, die mir bekannt waren, zu seiner vertrautesten Freundin auf Lebenslang gewählt hatte.

Wenn ich die Stunden abrechne, in denen mir eine gute That gelang, so hatte ich in meinem Leben keine vergnügtern, als die gegenwärtigen. Unter Händedrucken, Küssen, Vorwürfen, Aussöhnungen, kamen wir unvermerkt in Grünau an.

Hier wechselten wir die Pferde, und luden den Diakonus Rollow ein, uns, nebst seiner Frau zu begleiten. Er nahm die Einladung sogleich an. Sie aber hatte tausend Einwendungen, davon die vorzüglichste diese war, daß sie nicht mit Kleidung versehen wäre.

Da ich ihr aber eine Schilderung von der Einrichtung unsers Hochzeitfestes machte: machte sie

sie doch Anstalten, mit uns zu reisen. Diese Anstalten dauerten aber so lange, daß wir erst in der Dämmerung abreisen konnten. Wir waren kaum eine Stunde gereiset, so brach die Nacht ein. Henriette und ich, weil wir beyde früh aufgestanden waren, sanken in einen süßen Schlummer. Wie lange dieser gedauert haben mag, weiß ich nicht, er wurde aber dadurch unterbrochen, daß der Wagen stille hielt.

Halb schlaftrunken rief ich zum Wagen heraus, Was giebts, Schwager? Anstatt aber, daß mir dieser hätte antworten sollen, wurde der Kutschenschlag an der Seite, wo Henriette saß, aufgemacht. Heraus ihr Canaillen! rief eine schreckliche Stimme. In eben diesem Augenblicke sahe ich auch Henrietten von meiner Seite weggerissen. Der höchste Grad von Wuth ergriff mich, da ich sie schreyen hörete; ich nahm die Pistole, die ich bey mir hatte, zog den Hahn auf, und sprang zum Wagen heraus, um dem Bösewichte, der sich an der Geliebten meines Herzens vergriff, eine Kugel durch den Kopf zu jagen. Ein heftiger Schlag, den ich, bey dem Aussteigen, auf den Arm bekam, setzte mich aber

aufaußer Stand, meinen Zweck zu erreichen, die Pistole gieng los, und die Kugel, die für den Kopf des Bösewichts bestimmt war, fuhr — in die Erde.

Nun war ich, und folglich meine ganze Gesellschaft, entwaffnet. Eine Hand faßte meine Kehle, und zugleich wurde mir zugerufen: Das Geld heraus! Ihr sollt alles haben, sagte ich, laßt mich nur los. Sobald ich losgelassen war, sammlete ich mich, und sagte: Ihr wollt unser Geld? ihr sollt nicht nur dieses, sondern alles andere haben, was wir bey uns führen. Wenn ich euch aber rathen soll, so macht euch bald aus dem Staube, daß ihr nicht ergriffen werdet! Verletzt niemanden, damit ihr eure Strafe nicht vergrössert, wenn, über lang oder kurz, eure That sollte entdeckt werden.' Hier ist meine Börse! sagte ich, und meine Uhr. Hier ist meine Uhr, rief Henriette, Geld habe ich nicht bey mir. Hier ist meine Uhr und mein Geld, rief Rollow; hier mein Geld, rief seine Frau!

Hier ist auch noch ein Coffre, sagte ich, wenn ihr ihn abschneiden wollt.

Indem ich dieß sagte, sahe ich, daß einer dieser Kerls meinen Bedienten bey der Gurgel hielt, ein anderer dem Postillon die Pistole auf die Brust gesetzt hatte, und ein dritter, den Pferden in den Zügel gefallen war.

Was ist in dem Coffre? fragte der eine. Die Kleider dieses Frauenzimmers, war meine Antwort.

Hör Bruder! sagte er zu dem andern, die Leute sind zu brav. Ich dächte, wir liessen uns gnügen, und machten uns aus dem Staube.

Ich dächte es auch, antwortete der andere.

Auf! rief dieser wieder, abmarschirt!

Sogleich eileten alle davon, und riefen: glückliche Reise!

Itzo war meine erste Sorge, meine Henriette wieder zu sich selbst zu bringen, die sprachlos, am ganzen Leibe zitternd, da stand.

Ich schloß sie in meine Arme, und sagte: fassen Sie sich, es ist überstanden! Sie reichte mir ihre zitternde Hand, und ich hob sie in den Wagen. Es ist überstanden! sagte ich zu dem

Dia-

Diakonus und seiner Frau, druckte ihre Hände, die eben so sehr zitterten, und rief dem Postillon zu: zugefahren Schwager!

Er fuhr nach seinem besten Vermögen, und brachte uns bald nach Troppenheim.

Fortsetzung.

Gott sey gelobt, sagte Henriette, als wir zum Thore hinein fuhren, daß wir wieder unter gesittete Menschen kommen! Bis itzo habe ich Todesangst ausgestanden! so oft ein Zweig an den Wagen schlug, fuhr ich zusammen, und dachte, es wäre ein Räuber.

Itzo kamen wir in das Wirthshaus, wo ich meiner Reisegesellschaft die beste Verpflegung zu verschaffen dachte. Wie erschrack ich aber, da ich die Stube öffnete, und sie voll Husaren sahe, die alle Tische besetzt, und einen solchen Tobacks= dampf gemacht hatten, daß man sie kaum erken= nen konnte.

Mein Frauenzimmer fuhr zurück, und konnte sich nicht entschliessen, hineinzugehen.

Wir suchten den Wirth auf, und fragten, ob er uns nicht ein besonderes Zimmer einräumen könne, bekamen aber die Versicherung, daß dieß unmöglich sey, weil bereits alle Zimmer mit Fremden besetzt wären, und wurden in eine Stube gewiesen, in der sich einige Officiere befanden.

Auch hier konnten wir nicht aushalten, weil sie mit unverwandten Blicken uns, und besonders unser Frauenzimmer betrachteten; die jüngern auch zusammen traten, einander in die Ohren flüsterten, bald nach Henrietten, bald nach der Diakonusin sahen, dann unter einander zu lachen anfiengen.

Zum Glück waren ein paar solide Männer bey ihnen. Der eine, der Hauptmann von Sonderberg, trat zu mir, und sagte, ich besorge, wir werden sie durch unsere Gegenwart in Verlegenheit setzen.

Und ich bedaure, daß wir durch unsere Ankunft, sie vielleicht in einer gesellschaftlichen Unterhaltung gestört haben. Unangenehm ist's uns aber immer, daß wir nicht unser eigenes Zimmer haben können. Man kann doch, in Gegenwart

wart fremder Personen, unmöglich seine Bequemlichkeit so haben, wie man sie, nach geendigter Reise, zu haben wünschet. Könnten Sie mir nicht einen andern Gasthof vorschlagen, wo noch ein Zimmer zu haben wäre?

H. Daran zweifle ich. Es ist itzo die Frankfurter Messe, wo immer alle Gasthöfe überflüssig besetzt sind. Unterdessen — itzo habe ich einen Einfall — mein Hauswirth hat noch ein schönes geräumiges Zimmer ledig, das er gern vermiethen möchte. Ich sollte fast glauben, daß er sich willig finden liesse, ihnen ein Nachtquartier zu geben. Können Sie sich hierzu entschliessen?

Ich sahe meine Gesellschaft an — wenn der Herr Hauptmann versichern können, daß wir bey einen ehrlichen Mann kommen, sagte der Diakonus, so wollen wir dieß Anerbieten mit Dank annehmen.

S. Ein grundehrlicher Mann ist er. Freylich hat er viel Kinder und eine kleine Einnahme, und ist deswegen ziemlich hypochondrisch. Wenn Sie ihm aber für das Nachtquartier etwa

einen

einen Louisd'or bezahlen wollten: so könnten Sie ihm vielleicht ein Paar vergnügte Stunden machen.

J. Versprechen will ich ihm zwey Louisd'or, aber bezahlen kann ich sie ihm itzo nicht.

H. Wie so? sind Sie nicht bey Gelde?

J. Noch vor einer Stunde fehlete es mir nicht dran. Wir sind aber so unglücklich gewesen, von Räubern angefallen zu werden, die uns unser Geld und Uhren abgenommen haben.

H. Von Räubern sind Sie angefallen worden?

Sobald wir das Wort Räuber genannt hatten, versammleten sich sämmtliche Officiere um uns, thaten eine Menge Fragen, und nöthigten uns, ihnen die ganze Geschichte ausführlich zu erzählen.

H. Aber das sind doch wahrhaftig keine Kleinigkeiten, die müssen angezeigt werden. Herr Lieutenant, ich gebe Ihnen den Auftrag, die Sache ausführlich dem Herrn Obersten anzuzeigen. Um Vergebung, meine Herren, wie sind Ihre Namen?

J.

J. Ich heiße von Carlsberg, und dieser Herr, ist der Herr Diakonus Rollow aus Grünau.

H. Also der Herr von Carlsberg, und der Herr Diakonus Rollow, nebst zweyen Frauenzimmern, sind, ohngefähr eine Stunde von Troppenheim, von 6 Räubern angegriffen, und geplündert worden. Merken Sie es Herr Lieutenant!

Ich gehe sogleich zu meinem Hauswirthe, und bringe es wegen des Nachtquartiers in Ordnung. (mir ins Ohr) Wegen des Reisegelds, seyn Sie unbekümmert! Ich kann izo über 10 Louisd'or disponiren, die stehen zu Ihren Diensten.

Ich druckte ihm die Hand. Hauptmann und Lieutenant giengen ab, und eine kleine Abendmahlzeit wurde für uns aufgetragen.

Seyn Sie unbekümmert! sagte ein Officier, es werden nun den Augenblick Husaren abgeschickt werden, um die Räuber aufzusuchen.

J. Es ist löblich, daß man hier so gute Ordnung hält; uns hilft aber dieß nichts. Das Schrecken, das wir, besonders unser Frauenzimmer, gehabt haben, kann uns doch niemand wieder abnehmen.

H. Dieß wohl nicht, Sie sehen aber doch, daß man es sich angelegen seyn lasse, Ihnen die möglichste Satisfaction zu verschaffen.

Rollow. Dieß ist sehr gut, besser wäre es aber wohl, wenn wir keine Satisfaction nöthig hätten.

O. Dieß wohl. Wie ist dieß aber abzuändern? Wie ists möglich, alle Räubereyen und Plünderungen zu verhüten?

R. Möglich wäre es wohl, wenn man ernstlich wollte.

O. Da könnten Sie sich sehr verdient um unser Land machen, wenn Sie uns ein Mittel zeigten, die Räubereyen und Plünderungen zu verhindern.

R. Wie können Sie mir, als einem Geistlichen, zumuthen, diese Mittel anzugeben? Sie sind ja ein Officier, und können in solchen Fällen gewiß besser rathen. Sie schützten ja im letztern Kriege die hiesige Gegend so schön vor

Raub

Raub und Plünderung, obgleich an der Grenze immer zwey bis dreyhundert Freybeuter herumschwärmten. Wie viel leichter müßte es seyn, ein halb Dutzend Räuber im Zaume zu halten!

O. Ja im Kriege ist es eine ganz andere Sache, als im Frieden.

R. Anders ist es freylich, in mancher Rücksicht. Unterdessen will man doch im Frieden eben so gern Sicherheit haben, als im Kriege, und — der Soldat zieht doch im Frieden immer seinen Sold vom Lande fort. Da sitzen drüben so viele Husaren, spielen in der Charte, und rauchen Toback. Was nützen denn nun diese dem Lande? Wäre es denn wohl eine unbescheidene Forderung, wenn man für die vielen Abgaben, die man zur Unterhaltung der Soldaten entrichten muß, verlangte, daß immer einige bereit wären, die Posten zu begleiten, die in der Nacht reisen müssen? Würden dadurch nicht auch die Soldaten in Thätigkeit erhalten, und in ihrem Dienste geübt?

O. Der Vorschlag läßt sich hören. Es wäre dieß freylich ein sicheres Mittel, mit einemmale

male den Posten die nöthige Sicherheit zu verschaffen, und die Postraubereyen zu verhindern. Aber — Wir sind dazu nicht angewiesen, und Sie dürfen mir deswegen keine Vorwürfe machen.

R. Ihnen Vorwürfe zu machen, ist mir nicht in den Sinn gekommen. Ich weiß nur allzu gut, daß der Subaltern von dem Willen seiner Vorgesetzten abhänge, manches gegen seine Ueberzeugung thun müsse, und die Vorwürfe deswegen nicht ihn, sondern seine Vorgesetzten treffen. Wäre dieses nicht, so verdiente ich auch Vorwürfe deswegen, daß ich am letzten Bußtage, vor dem Altare, an dem ich das Abendmahl auszutheilen pflege, lesen mußte: Ach Herr! strafe mich nicht in deinem Zorn, und züchtige mich nicht in deinem Grimm.

O. Deswegen wird Ihnen niemand Vorwürfe machen. Diese Worte stehen ja in der Bibel.

R. In demjenigen Theile, der für die, noch unaufgeklärten Juden bestimmt war. In dem Munde eines Christen aber, der von seinem Herrn und Meister belehrt ist: **seyd barmherzig, wie euer Vater im Himmel barmherzig ist,**

sind

sind sie so widersprechend, wie ein Ave Maria in dem Munde eines Protestanten.

Itzo trat der gefällige Hauptmann wieder herein und sagte: Meine Herren und Damen, ich habe das Vergnügen, Sie versichern zu können, daß ein rechtschaffener Wirth, ein gut meublirtes und gewärmtes Zimmer Sie erwarte. Ich habe meinen Bedienten mitgebracht, der dem Ihrigen den Coffre, und was Ihnen sonst noch die Räuber übrig gelassen haben, in Ihr neues Quartier bringen helfen wird. Ich habe die Ehre, Sie zu begleiten, mit dem Gastwirthe ist alles schon abgemacht.

Nun reichte er meiner Henriette den Arm, führte sie fort, und wir übrigen folgten ihm. Wirklich brachte er uns in ein Zimmer, wo wir alles fanden, was wir zu unserer Bequemlichkeit bedurften, und wir alle dankten ihm für seine ungemeine Gefälligkeit.

Ich habe, antwortete er, weiter gar nichts gethan, als was in diesem Falle meine Schuldigkeit war, und was jedes von Ihnen auch würde gethan haben, wenn es mich in gleicher Verlegenheit, in der Sie waren, gefunden hätte.

Bey dem Abschiede druckte er mir 10 Louis d'or in die Hände, und sagte: diese bezahlen Sie mir nach ihrer Bequemlichkeit wieder. Ich wurde gerührt — und wollte eben eine Lobrede, mit den Worten anfangen: Aber würdiger Mann! Wo —.

Schon gut! Schon gut! sagte er, ich wünsche, daß Sie alle recht wohl ruhen, und die heutige Fatalität für Sie keine weitere Folge haben möge.

Mit diesen Worten gieng er ab, und verließ uns, gerührt durch seine Gefälligkeit.

Jedes brachte etwas zu seinem Lobe hervor, aber unter allen Lobsprüchen gefiel mir keiner besser, als der von meiner Henriette. Schmeichelnd strich sie meine Backen, und sagte: Wie viel kann ein braver Mann zur Linderung des menschlichen Elends beytragen!

Viel, sagte ich, vielleicht aber nicht so viel, als eine brave Frau; so eine Frau, wie die seyn wird, die ich in meinen Armen halte.

Daß ein herzlicher Kuß dieses Lob bestätigte, versteht sich von selbst.

Fort=

Fortsetzung.

Wir verfügten uns nun zur Ruhe, und da wir erwachten, war meine erste Frage: wie Henriette geruhet habe?

Herrlich! war ihre Antwort.

Dank sey dem braven Diakonus Rollow für die gute Ausbildung gesagt, die er ihr gegeben hat! Wäre sie zu der, itzo so gewöhnlichen, Empfindeley gestimmt worden, so würde zum wenigsten ein kaltes Fieber die Folge von dem gestrigen Vorfalle gewesen seyn.

Nach eingenommenem Frühstücke, suchte ich vor allen Dingen unsern lieben Wirth auf, um ihm meine Dankbarkeit, für die Bequemlichkeit, die er uns verschafft hatte, zu bezeigen. Ich wurde zu seinem Zimmer geführt, öffnete es und sahe — was Sie gewiß nicht errathen werden, sahe einen vierzigjährigen Mann, auf einem Schaukelpferde sitzen, und sich auf demselben hin und her bewegen.

Guten Morgen! lieber Herr Wirth, sagte ich, was machen Sie denn hier?

W.

W. Guten Morgen! ich suche mir eine Bewegung zu machen. Sie nehmen mir nicht übel, daß Sie mich in dieser Situation antreffen! Ich habe ein höchst beschwerliches Amt! Ich bin Accisinspektor, muß täglich, von acht bis eilf Uhr Vormittags, und von ein bis fünf Uhr Nachmittags, sitzen und Accise einnehmen. Dieß kann ich unmöglich aushalten, wenn ich mir nicht täglich eine Bewegung mache.

J. Das ist recht sehr gut. Aber auf dem Schaukelpferde wird die Bewegung immer sehr schwach seyn. Warum miethen Sie denn nicht ein lebendiges Pferd, und reuten täglich ein Stündchen aus?

W. Ach lieber Mann! dazu habe ich einen sehr determinirenden Grund. Ein lebendiges Pferd kostet Geld, und dieß habe ich nicht.

J. Haben Sie denn nicht einen Garten, den Sie bearbeiten können?

W. Gartenarbeit habe ich nicht gelernt.

J. Unter allen Arbeiten ist doch wohl keine leichter zu lernen, als diese. Was Sie nicht können, ist ja noch zu lernen.

W.

W. Wo soll ich es denn lernen? ich habe ja keinen Garten.

J. Sie keinen Garten? das ist doch traurig! zu einem vergnügten Leben scheint mir doch ein Gärtchen, das man bearbeitet, ein vorzügliches Bedürfniß zu seyn.

W. Was ich darauf antworten soll, weiß ich nicht; Gnug ich habe keinen Garten, und in Deutschland giebt es gewiß mehr, als eine Million Menschen, die mit mir gleiches Schicksal haben, die von unserer großen, geräumigen Erde, nicht soviel Eigenthum besitzen, als sie mit einer Hand bedecken können.

J. Wohl wahr! Wenn sie aber kein wirkliches Eigenthum besitzen: so ist es ihnen doch unverwehrt, auf der Erde herumzugehen, und die frische Luft einzuathmen. Warum thun Sie denn dieses nicht?

W. O wie können Sie mir denn dieses zumuthen? es wehet itzo so eine kalte Nordluft!

J. Die ist ja gut, sie stärkt die Nerven!

W.

W. Kann wohl seyn, aber bey einem Gesunden. Ich bin zu weit herunter, zu weit, ich bin ein armer, schwacher Mann.

J. Je schwächer der Mann, desto nöthiger ist ihm die Stärkung! wenn nun die freye Luft stärkt?

W. Ich bin kein Arzt, und kann also auf diese Frage nicht antworten. In solchen Stücken richte ich mich blos nach dem Arzte. Dieser hat mich sehr gewarnet, daß ich mich, so viel als möglich, vor der freyen Luft hüten, und mich dieses Schaukelpferds bedienen solle.

J. Ihr Arzt mag es verantworten!

Mit diesen Worten und Versicherung meiner Dankbarkeit, für die gütige Aufnahme, verließ ich ihn.

Da ich zu meiner Gesellschaft zurück kam, fand ich einen Bedienten, von dem Obersten, der hier im Quartiere liegt, mit einem Billete, in dem er mich und meine Gesellschaft sehr dringend bat, mit ihm zu Mittage zu speisen, und ihm von der vorgefallnen Räubergeschichte, nähere und umständliche Nachricht zu geben. Ich
konnte

konnte diese Einladung nicht wohl ausschlagen, weil ich glaubte der Erhaltung der öffentlichen Sicherheit es schuldig zu seyn zur Entdeckung der Räuber beyzutragen, was ich könnte. Aber eben dieß setzt mich in die unangenehme Nothwendigkeit, meine Reise zu Ihnen erst morgen anzutreten.

Mit innigster Hochachtung bin ich

Ihr

treuer Vetter,
Carl.

―――――

Neunzehnter Brief.

Henriette an die Hofräthinn Grimmlein.

Carlsb. den 26 April.

Beste Frau Muhme!

Da ich weiß, welch aufrichtigen Antheil Sie an meinem Schicksale nehmen, so kann ich gewiß vermuthen, daß Sie eine etwas umständliche Nach-

Nachricht von der Feyer meiner Hochzeit erwarten. Ich schreibe sie Ihnen also, ob es mir gleich lieber gewesen wäre, wenn ich sie Ihnen nicht beschreiben dürfte, und Sie selbst hätten daran Antheil nehmen können. Wäre es nach meinen und meines lieben Mannes Wünschen gegangen; so hätten Sie gewiß Zeugin meiner Freude seyn müssen. Allein wir hiengen nicht von uns, sondern von dem Herrn Obersten von Brav ab, der unsere Hochzeit ausrichtete, und es sich von uns ausbat, daß er alles nach seinen eigenen Wünschen einrichten dürfe. Dieser meynte nun, wenn man eine Hochzeit recht zweckmässig feyern, und recht herzliche Freuden genießen wollte, so müsse die Gesellschaft der Hochzeitgäste so klein als möglich seyn. Die großen Gesellschaften, verursachten so viele Geschäffte und Sorgen, daß die Väter und Mütter ganz unfähig gemacht würden, an den hochzeitlichen Freuden Theil zu nehmen, und, wenn man seine Sachen auch auf das Beste einrichtete, so würde man doch immer von einem großen Theile der Gäste getadelt. Die zu großen Gesellschaften, machten es auch schwer sich nach seinen eignen

Ein-

Einsichten zu kleiden. Wenn Braut und Bräutigam in ihrer gewöhnlichen, simpeln, natürlichen, Kleidung erschienen, und andere zeigten sich mit hochfrisirten Köpfen, Schnürbrüsten, Poschen, seidnen Kleidern und kostbarem Halsschmucke, so gäbe dieß, von beyden Seiten, Gelegenheit zu Spöttereyen. Wenn jene in der lieben Natur sich herumtummeln wollten, und diese schrieen ach Herr Je! wenn sie auf ein nasses Fleckchen, mit ihren atlasnen Füßlein, oder in einen Busch mit ihren frisirten Köpfen, seidnen Kleidern und Poschen kämen: so verursachte dieses allerley Mißverständnisse.

So meynte der Herr von Prav, und erstickte also bey uns den Wunsch, unsere besten Freunde zu unserm Hochzeitfeste einzuladen.

Nun hören Sie denn weiter, wie es damit gieng! An Einkaufung des Brautschmucks, der Brautkleider u. d. gl. wurde gar nicht gedacht. Mein Mann hat ein sauberes grünes Tuchkleid, das mir immer am besten gefallen hat, dieß wählte er zu seinem Hochzeitkleide, und ich wählte zum Brautkleide den Amazonenhabit, den ich mir vor einem Vierteljahre machen ließ.

Den Abend vor unserm Hochzeittage sagte uns der Oberste. Liebe Leutchen! eine Bitte — verfügt euch bald zur Ruhe! Morgen wird etwas früh aufgestanden werden.

Wir befolgten seinen Wink, jedes suchte sein Schlafzimmer gegen neun Uhr.

Früh ehe die Sonne aufgieng, waren wir schon alle angekleidet, und wurden von dem Obersten auf einen hohen Berg geführt, von welchem wir auf der einen Seite die Aussicht in ein lachendes Gefilde, auf der andern in ein, mit Waldung besetztes, langes Gebirge hatten.

Sobald die Sonnenscheibe anfieng sichtbar zu werden, ertönte in dem herumliegenden Walde das schöne Kleistische Lied:

Groß ist der Herr, lobsinget alle ihm,
Jahrlichter seiner Burg.

und Clarinetten, und Waldhörner begleiteten diesen Gesang. Unterdessen rückte die Sonne immer höher, alle Berge wiederholten das Lob des Schöpfers, und eine Menge Vögel nahmen daran Antheil. Etwas herzerhebenders habe ich nie empfunden.

Nach Endigung derselben drückte uns der gute Oberste, mit seiner Frau gerührt die Hände und sagte: es ist billig, daß wir einen so freudigen Tag mit dem Lobe des Schöpfers anfangen und unser Herz dadurch recht zur Freude stimmen. Nun führte er uns in eine Laube, wo wir eine Chokolate bereitet fanden, die zu unserm Frühstücke bestimmt war. Indem wir dieselbe einnahmen, ertönte aus den Wäldern wieder das schöne Lied auf den Frühling:

 Kind der Schönheit und der Freude,
 Sey gegrüßt;
 Das bereits im Veilchenkleide
 Ein geborner Engel ist.

Wie herzlich vergnügt wir dabey waren, kann ich Ihnen, beste Frau Muhme, nicht beschreiben. Und doch war diese Freude so wohlfeil! Gewiß die Menschen könnten Millionen Freuden genießen, und das sogenannte Thränenthal in ein Freude= und Wonnethal verwandeln, wenn sie mehr Sinn für die Natur besäßen, wenn dieser Sinn nicht durch die gewöhnliche verkehrte Erziehung gestumpft würde, wenn sie die unermeßlich vielen Materialien zur Freude, die in der Natur liegen, zu schätzen und zu benutzen wüßten.

Itzo stunden wir auf, und wurden unter Vogelgesang und Blumenduft im Walde herumgeführt, wo der Oberste mit ungemeiner Lebhaftigkeit, uns alle die Verbesserungen zeigte, die er in dem Forstwesen vorgenommen hatte. Seine Heiterkeit erreichte den höchsten Grad, da wir auf eine Anhöhe kamen, von der wir einen grossen Strich Wald übersehen konnten, der im Grunde aus Erlen, und da, wo er zu steigen anfieng, aus Lerchenbäumen bestund. Dieser ganze Platz, sagte er, war unten ein Morast, und oben eine Wüsteney, da ich meine Oekonomie anfieng, itzo hat er sich so verschönert!

Da wir einige Schritte weiter giengen, kamen wir an ein Häuschen, das einer Einsiedeley glich. Wer wohnt hier? fragte ich.

Ein gewisser Nickelsen, antwortete der Oberste. Der gute Mann hat im Kriege einen Arm verloren, ist aber demohnerachtet immer thätig und mir sehr nützlich. Er führt über meinen ganzen Forst die Aufsicht, und bringt in demselben immer mehrere Verbesserung an. Bald wird

wird er das Vergnügen haben, Plätze, die Wüsteneyen waren, durch seinen Fleiß, in die angenehmsten Haine umgeschaffen zu sehen.

So, wie der Herr Oberste das Vergnügen hat, einen Bettler, durch seine Großmuth, in einen thätigen Mann umgeschaffen zu sehen — so redete Nickelsen, der sogleich aus seiner Einsiedeley hervortrat, und uns einlud, sie zu besehen.

Sie war in Ansehung der Simplicität, wahre Einsiedeley, nur hatte sie das Vorzügliche, daß sie ein artiges Bibliothekchen enthielt, das er der Wohlthätigkeit des Obersten zu danken hatte.

Wie glücklich, sagte ich, muß nicht der Mann seyn, der um sich Plätze und Menschen sieht, die durch ihn gebessert wurden!

Dieses zu thun, erwiederte der Oberste, verbindet uns ja die Liebe zu uns selbst. Indem wir Freude um uns verbreiten, machen wir uns selbst Freude.

Wir giengen weiter, Nickelsen erbat sich die Erlaubniß uns begleiten zu dürfen, und wir kamen

kamen wieder auf einen höchst romantischen Platz. Es war ein geräumiges Thal, das von allen Seiten mit Bergen, die mit Gehölz bewachsen waren, eingeschlossen, und durch einen hellen Bach gewässert wurde.

Eine alte Eiche, unter welcher ein, von Rasen erbaueter, Altar stund, auf dem ein Buch lag, ließ mich gleich ahnden, in welcher Absicht wir hieher waren geführt worden.

Ich hatte mich nicht geirret: Mein Vetter Rollow, den ich seit einiger Zeit vermisset hatte, trat aus dem Gebüsche, in priesterlichem Ornate hervor und stellete sich vor den Altar.

Hier, lieben Kinder, sagte der Oberste zu uns, wäre wohl ein schicklicher Platz, wo ihr euch trauen lassen könntet. Tretet herzu!

Mein lieber Carl faßte mich bey der Hand, führte mich zum Altare, und die übrige Gesellschaft schloß um uns herum einen halben Cirkel.

Hierauf hielt mein Vetter folgende Anrede an uns, die ich durch unsern Bedienten habe copiren lassen:

Meine

Meine geliebten Freunde!

„Von allen Orten her hört man Klagen über das Elend der Menschen, die leider mehr als zu gegründet sind. Wahre Lieblosigkeit wäre es, wenn ich Sie bereden wollte, daß diese Klagen übertrieben wären. Wenn Feuer in einem Hause auskommt, so ist es wirklich grausam, den Eigenthümer zu überreden, die bevorstehende Feuersbrunst sey blos in seiner Einbildung.

Diese Versicherung könnte Sie nun leicht kleinmüthig machen; Sie könnten auf die Besorgniß gerathen, ob es nicht Sünde sey, sich zu verehelichen, und neue Menschen hervorzubringen, auf welche nichts als Elend wartet. Ich muß Ihnen also zu Ihrer Beruhigung sagen, daß zwar unnennbar vieles Elend auf der Erde sey, und die Menschen plage; daß aber alle dieses Elend blos als eine Strafe der Sünde, oder eine Folge des Unverstandes und der Thorheit angesehen werden müsse. Der Grund davon ist die Erbsünde, die uns durch Eltern, Lehrer, Freunde und Schriftsteller mitgetheilt wird. Aber unser Erlöser wird Sie von alle diesem Uebel befreyen, wenn Sie auf seine Winke merken und sie befolgen wollen. Ihr Acker wird dann nicht mehr verflucht, sondern gesegnet seyn, nicht Dornen und Disteln, sondern Roggen, Waizen, Gerste und Hafer tragen, spanischen und Lucerner Klee, nebst Esparcette wird er Ihnen tragen; nicht im Kummer sondern mit Fröhlichkeit werden Sie sich darauf nähren; zwar werden Sie im Schweiß Ihres Angesichts Ihr Brod essen, aber diesen Schweiß werden Sie nicht mehr als Fluch, sondern als Segen, betrachten, weil er ein Beförderungsmittel Ihrer Gesundheit ist. Alle Seuchen und Krankheiten werden von Ihnen weichen, und selbst die Schmerzen der Geburt, die fast immer Folgen der menschlichen Thorheit, und des menschlichen Unverstandes sind, werden immer mehr sich mindern. Sorge und Kummer wird Ihnen unbekannt bleiben. Der Tod wird nicht mehr seyn; weil Sie die Trennung von unserm Planeten, bloß als eine Erhöhung zu einer neuen Staffel der Vollkommenheit betrachten werden.

Gegen die unvermeidlichen Leiden wird Sie Ihr Muth, Ihre Standhaftigkeit, Ihr Vertrauen zu Gott und zu sich selbst waffnen, daß Sie dieselben alle niederwerfen können.

Kurz

Kurz Sie sind heute vom menschlichen Elende erlöset, wenn Sie es ernstlich wollen. Die Erde wird von Heute an für Sie ein Himmel."

Hier ließ sich wieder aus dem benachbarten Walde ein Chor hören, das, unter Begleitung der Clarinetten und Waldhörner, sang:

>Wie schön, o Gott! ist deine Welt gemacht,
>Wenn sie dein Licht umfließt!
>Ihr fehlts an Engeln nur, und nicht an Pracht,
>Daß sie kein Himmel ist. u. s. w.

Nach Endigung dieses Gesangs trauete uns mein Vetter, nach einem Formulare von Zollikofer. Am Ende ertheilte er uns seinen Segen, und die Versammlung antwortete: Amen! Amen!

Ein Chor linker, und ein Chor rechter Hand, und alle Berge wiederholten es: Amen! Amen!

Das war doch ein Amen! dergleichen ich noch nie gehört habe.

Die kleine Hochzeitgesellschaft trat itzo näher und wünschte uns Glück mit wenigen Worten, die aber alle so herzlich waren, so ganz aus dem Innersten der Seele kamen, daß Sie auf uns mehr wirkten, als ein halbes Dutzend gewöhnliche Hochzeitgedichte.

Das ist doch einmal der Tag der Freude und des Wohllebens für mich alten Mann, sagte der Oberste, so einen Tag hatte ich lange nicht. Billig sollten wir ihm ein kleines Denkmal stiften.

Sobald er dieses gesagt hatte, kamen aus dem Gebüsche zwey junge Bauern hervor, davon jeder ein Bäumchen und eine Schaufel trug. Der eine gab sein Bäumchen mir, der andere meinem Carl, und zeigten uns zwey Löcher, die in einiger Entfernung, zu beyden Seiten des Altars, gegraben waren, in die wir unsere Bäumchen setzen mußten.

Sobald dieses geschehen war: stellten die Bauern bey jedes Bäumchen einen Pfahl, schaufelten und traten die Erde an, und aus dem Walde ertöneten folgende Verse:

Unvergeßlich sey er uns,
Dieser freudenvolle Tag,
Da wir sahen,

Wie zum lebenslangen Glück
Zweyer redlichliebenden
Ward der Grund geleget.

Wann der Enkel einstens bricht
Dieser Bäumchen süße Frucht,
Die wir pflanzen:
Dann erzähle noch sein Mund,
Welchem frohen Tage sie
Ihre Pflanzung danken.

Gerührt drückten wir dem Obersten und der Oberstin die Hände, und dankten für ihre Geschäftigkeit unsere Freude zu vergrößern.

Wenn wir nur unsern Zweck erreichen, sagte die Oberstin, so ist alles gut.

Nun giengen wir wohl noch eine Stunde lang, unter lauter belehrenden, unterhaltenden, aufheiternden, Gesprächen in dem Walde umher, kamen bald auf Anhöhen, von da wir die reizendsten Aussichten hatten, bald in Thäler, die zur Ruhe und zum Nachdenken einzuladen schienen, und immer machte uns Nickelsen auf die Verbesserungen aufmerksam, die der Oberste hervorgebracht hatte. Auf einmal standen wir an
einem

einem See, in deſſen Mitte eine, mit Gebüſchen bewachſne, Inſel lag.

Die Gondel, die am Rande ſtund, ließ mich ziemlich muthmaſen, warum wir an dieſen See wären geführet worden. Ich hatte mich, in meiner Muthmaſung, nicht geirret. Der Oberſte faßte mich bey der Hand und ſagte: auf dem feſten Lande haben wir nun genug Vergnügen genoſſen, wie wäre es, wenn wir zur See giengen? Kaum hatte er es geſagt, ſo war ich auch ſchon in der Gondel, und die ganze Geſellſchaft mit mir.

Nun wurde, unter Muſik, die vom Ufer ertönte, immer um die Inſel herum gerudert, und — endlich an derſelben gelandet.

Wir fanden auf derſelben ein Gezelt aufgeſchlagen, nach dem wir geführt wurden. Sobald wir uns demſelben näherten — ſtellen Sie ſich die Ueberraſchung vor! trat meines Carls ehemaliger Hofmeiſter, Herr Wenzel, aus dem Zelte, umarmte meinen Carl und ſagte: mein Carl! da ich gerührt dieſer Umarmung zuſahe: ſtürzte Caroline Menzerin hervor, hieng an meinem Halſe und ſagte: meine Henriette!

Nach=

Nachdem die erste Ergießung der Herzen vorbey war, fragte ich, was ist das? was bedeutet das? Caroline bey Herrn Wenzel?

Nichts weiter, sagte Herr Wenzel, als daß ich das Vergnügen habe, Ihnen in meiner Caroline meine liebe Braut vorzustellen.

Caroline Ihre Braut? rief Carl.

Caroline Wenzels Braut? rief ich.

Carl flog an Wenzels, ich an Carolinens Hals, und beyde sagten: nie hätten Sie besser wählen können.

Ich muß Ihnen noch mehr sagen, erwiederte Wenzel, Caroline ist nicht blos meine Braut, sondern auch meine, mir angetrauete Braut. Unter der Zeit, da Sie getrauet wurden, geschahe auch unsere Trauung. Da Sie Bäume pflanzten, pflanzten auch wir Bäume.

Das ist zu viel Freude für einen Tag! sagte mein Carl, seinen Vetter umarmend. Das ist zu viel Freude für einen Tag; sagte ich, die Oberstin umarmend.

Ich

Ich denke, versetzte der Oberste, am guten Tage sey guter Dinge. Belieben Sie in das Zelt zu treten!

Wir traten herein, und fanden hier eine Tafel gedeckt, an die wir uns setzten, und die mit sehr wenigen und einfachen Gerichten besetzt wurde, zu denen in den Gläsern Medoc und Rheinwein perlte.

Unter der Zeit, da die Gläser geleert wurden sangen wir:

Wer wollte sich mit Grillen plagen,
So lang uns Lenz und Jugend blühn.

und Waldhörner, nebst Clarinetten, die aus dem Gebüsche ertönten, begleiteten unsern Gesang.

Scherz und herzliche Gespräche verlängerten die Mahlzeit bis auf vier Stunden — wie wenn wir zwölf Gerichte gehabt hätten.

Nun stunden wir, auf den Wink des Obersten auf, setzten uns wieder in die Gondel, und schifften weiter. Da wir das nördliche Ende des Sees erreicht hatten, wurde gelandet, und wir trafen bey unserer Landung eine große Laube an,

an, die grade so aussahe, als wenn sie für uns
wäre errichtet worden. Da wir uns derselben
näherten, trat ein alter Bekannter meines Carls,
Ihr ehemaliger Freund, Herr Zellnick hervor
und präsentirte uns sein junges Weibchen, das
ihm vor einigen Stunden war angetrauet worden.
Dadurch erhielt unsere Freude eine neue Vergrös-
serung. Die Geschichte seiner Liebe ist sonderbar, und ich habe bis itzo noch nichts gewisses
und ausführliches davon erfahren können. Mein
Carl sagte, er wolle sie mir deswegen noch
nicht erklären, damit ich mich ein wenig gewöhnte, meine Neugierde zu mäßigen.

Uebrigens wurde in dieser Laube der Kaffee
genossen, nach dessen Einnehmung uns der Oberste wieder zu einem Spatziergange einlud. Dieser führte uns zu einem Platze, von dem uns
Musik und Jubel entgegen tönte, und auf dem
wir eine Gesellschaft erblickten, die sich mit Tanzen belustigte.

Was giebts hier? fragte ich den Obersten.
Es ist ein kleines Fest sagte er, das ich meinem
Gesinde und Arbeitsleuten gegeben habe.

Sobald

Sobald wir aber hinzutraten, hörte Musik und Tanz auf, und wieder ein neues Ehepaar, trat hervor, das meines Carls Hände küßte, und ihm mit nassen Augen die Versicherung gab, daß es ihm sein ganzes Glück verdanke. Es war Selbiger und die Rübnerin, die beyde durch meinen Carl, der erste vom Soldatenstande, die andere von einer schrecklichen Leibesstrafe, waren losgekaufet worden. Der Anblick war sehr rührend, und machte mir meinen Carl noch einmal so werth.

Der Oberste nahm daher, indem er uns nach seinem Hause zuführte, Veranlassung von den Freuden des Wohlthuns zu sprechen, und warf die Frage auf, woher es doch käme, daß es so wenig von den Menschen geschätzt, und immer den Freuden des Selbstgenusses nachgesetzt würde, da es doch ohne Zweifel weit inniger, und dauerhafter wäre.

Herr Wenzel suchte den Grund davon theils in der Unthätigkeit der Menschen, theils in dem immer weiter um sich greifenden Luxus, der den Menschen nöthige sich blos mit sich, und der Erwerbung seiner erkünstelten Bedürfnisse zu beschäfti=

schäftigen, so daß ihm keine Kraft übrig bleibe, für seinen Nebenmenschen etwas zu thun.

So muß, sagte der Oberste, doch bey uns Kraft zum Wohlthun übrig seyn, da wir dem Luxus so ganz entsaget haben. Lassen Sie uns einmal zusammen rechnen, was die drey Hochzeiten, die heute gefeyert wurden gekostet hätten, wenn wir sie auf den gewöhnlichen Fuß hätten begehen wollen, und wieviel wir dadurch erspart haben, daß wir sie der Natur gemäß begiengen: so wird gewiß ein Ueberschuß bleiben, mit dem wir noch ein ziemlich gutes Werk verrichten können. Nun gieng das Rechnen an! Mahlschätze, Brautkleider, Brabander Spitzen, Kleider für die Bräutigame, Hochzeitschmäuse, dieß alles zusammen auf das billigste gerechnet, betrug eine Summe von 1500 Thlr.

Damit ließe sich, sagte der Oberste lächelnd, schon etwas Gutes stiften. Der dritte Theil wäre hinlänglich Selbigern Haus und Hausgeräthe zu verschaffen. Dreyhundert Thaler, sagte Carl, gebe ich dazu, Herr Wenzel verwilligte hundert und funfzig, und Herr Zellnick funfzig.

Ich habe mich doch, sagte der Oberste, nicht verrechnet, und im Vertrauen auf die Richtigkeit meiner Rechnung bereits für ihn das Häuschen bauen und mit den nöthigsten Mobilien versehen lassen. Wollen Sie es sehen, so belieben Sie mir zu folgen. Wir folgten ihm mit Vergnügen, und kamen an ein kleines, aber sehr niedliches Haus, vor dem ein heller Bach floß, und hinter dem ein Küchengarten angebracht war, in dem wenigstens soviel Gemüse erzeuget werden konnte, als zur täglichen Sättigung einer Familie nöthig war. Das Haus selbst enthielt verschiedene Zimmer, und das nothwendigste Hausgeräthe und Werkzeug, nicht kostbar, aber sehr sauber gearbeitet.

In dieß Haus sagte der Oberste, will ich das neue Ehepaar diesen Abend führen lassen. Ich denke es wird sich doch darüber freuen, denn es hat noch nicht das geringste davon erfahren.

Herzlich wird es sich freuen, sagte Herr Wenzel, gewiß aber nicht so, wie Sie, und wie wir alle.

Ich denke es auch, antwortete der Oberste, wenigstens hoffe ich, daß wenn die lieben
Bräute

Bräute nach einigen Jahren hieher kommen, und eine glückliche Familie finden, die ihr Daseyn Ihrer Entsagung des Luxus zu danken hat, sie darüber gewiß mehr Freude empfinden werden, als über ein Kästchen voll Geschmeide, und einen Schrank voll seidne Kleider. Dieß trauen Sie uns gewiß zu, sagte Caroline, so lange Sie uns nicht für ganz fühllos halten. Bey unserer Rückkehr in des Obersten Haus fanden wir eine Tafel mit kalten Braten, Butter und Käse, Kuchen und Wein, besetzt, welches wir unter Scherz, Gesang und Saitenspiel, genossen; dann wurde getanzt, und — am Ende — zu Bette gegangen? Sie irren sich beste Frau Muh=
me! Ehe dieß geschahe faßte der Oberste meinen Carl, und meine Muhme Rollow mich bey der Hand, giengen mit uns in besondere Zimmer, und erklärten uns die geheimen Pflichten des Ehestands. Dann wurde ich meinem Carl über=
geben, dem ich zitternd in das Schlafgemach folgte, wo für uns ein Bette, mit einer Ma=
tratze bedeckt, aufgeschlagen stund. Ueber das=
selbe war eine Crone angebracht, an welcher die Worte geschrieben stunden: **Mäßigung beför=**

X 2   dert

dert den Reiz und die Dauer des Vergnügens.

Mein lieber Mann läßt sich Ihnen bestens empfehlen, und bittet mit mir, daß Sie doch ja recht bald uns besuchen, und an den Freuden, die wir genießen, Antheil nehmen mögen. Mit der herzlichsten Liebe und Dankbarkeit verbleibe ich

Ihre

treue Freundin,
Henriette v. Carlsberg.

Nachrede.

Da ich dieses Buch geendigt habe, und über den Plan sowohl, als über die Ausführung desselben nochmals nachdenke: bin ich mit folgenden Stücken unzufrieden.

1. Daß gar vieles zu flüchtig, nicht gründlich genug, ausgearbeitet ist. Der Grund davon, war weder Unthätigkeit, noch Genuß zu vieler Vergnügungen, sondern Geschäfte, denen ich

ich mich unterziehen mußte, wenn ich einen Plan durchsetzen wollte, der, nach meiner Ueberzeugung, sehr wohlthätige Folgen haben wird. Zu diesen Geschäften gehört auch die Vielschreiberey, die mir so oft ist vorgerückt worden. Allein auch diese war Mittel, zu meinem Zweck zu kommen. Er ist erreicht, und die Vielschreiberey, hat mit dieser Ostermesse ein Ende.

2. Daß ich einige wollüstige Auftritte zu lebhaft geschildert habe. Meine Absicht dabey war gut, ich sehe aber itzo ein, daß das Lesen derselben, doch jungen, zur Wollust geneigten, Seelen, eine falsche Stimmung geben könnte, und werde sie deswegen, bey einer neuen Auflage, abändern.

3. Daß ich von geheimen Verbindungen, zwischen Protestanten und Katholiken zu zuversichtlich gesprochen habe. Ich gestehe daher, daß ich dafür keinen andern Gewährmann, als die Berliner Monatsschrift, anführen kann. Was ich aber über den Eifer (nicht der Katholiken, die ich als meine Brüder liebe und hochschätze, sondern der Papisten), Proselyten zu machen

gesagt habe, ist alles wahr. Alles was davon erzählt wurde, ist — Thatsache.

4. Daß ich von geheimen, Schwärmerey verbreitenden, Verbindungen, nicht bestimmter sprechen konnte, da doch ihr Daseyn, und der Schade, der dadurch gestiftet wird, unleugbar ist. Möchten doch alle diejenigen, die mit der Sucht, verborgne Geheimnisse zu erfahren, behaftet sind, ehe sie ihren Fuß in das heilige Dunkel setzen, erst die Berliner Monatsschrift Febr. 1788. p. 167. lesen, und sich selbst prüfen, ob sie wohl eine Reception aushalten möchten, dergleichen hier beschrieben ist! möchten sie doch, ehe sie sich der Leitung eines Mannes, der sich rühmt, den Schlüssel zum Universum zu besitzen, überliessen, sich erst erkundigen, was hat dieser Mann durch seine Weisheit gewirkt?

Wenn man mir aber vorwirft, daß ich die Schilderungen vom menschlichen Elende übertrieben hätte, so thut man mir Unrecht. Der grössere Theil unserer Zeitgenossen ist so an den Anblick des Elends gewöhnt, daß er es für nothwendig, wohl gar für wohlthätig hält. Diesen aus seiner Unempfindlichkeit zu erwecken, war eine starke

Sprache

Sprache nöthig, die aber in diesem Buche, bey weiten nicht so stark ist, als sie seyn sollte.

Um dieses zu beweisen, werfe ich einige Fragen auf: Ist es vielleicht übertrieben, wenn ich sage, daß junge Leute beyderley Geschlechts, sich zur Erzeugung und Erziehung verbinden, ohne nur die geringste Kenntniß von Erziehung der Menschen zu haben? ist dieß nicht eben so thöricht — als wenn jemand Waid, Krapp oder ein anderes Gewächs anbauen wollte, ohne davon den geringsten Unterricht erhalten zu haben? Welches ist der Platz, wo der Mensch erzeuget wird? ists etwa ein anderer als der Leib des Weibes? Wenn nun dieser, für die Menschheit **wichtigste** Theil, durch Schnürbrüste, (wie der Herr Prof. Sömmerring, in der, durch eine, von der Erziehungsanstalt zu Schnepfenthal, aufgeworfene Preißfrage, veranlaßten Schrift, unwiderleglich bewiesen hat), zusammengepreßt, verschoben, unfähig gemacht wird, seiner Bestimmung gemäß zu wirken, ist da in allen Sprachen der Menschen ein Ausdruck zu finden, der gegen diese entsetzliche Gewohnheit zu stark wäre? Ueberschüttet den Acker, wo Roggen wachsen soll, mit

Steinen, setzet das, zum Spanischen Klee bestimmte, Land unter Wasser, alles dies ist Weisheit, wenn ich es mit der Gewohnheit vergleiche, den Platz, wo der Mensch sich bilden, seine erste Nahrung haben soll, durch Schnürbrüste unfähig zu machen, seiner Bestimmung gemäß zu wirken. Ists etwa übertrieben, wenn ich behaupte, daß bisher fast alle Schulen, die zum Theil Reichthümer, von unsern frommen Vorfahren legirt, besitzen, mit denen die größten Dinge ausgeführet werden könnten, Mördergruben waren, wo die Unschuld ihr Grab fand!

Der Zeugungstrieb ist gewiß unter allen, die uns der Schöpfer einpflanzte, einer der stärksten und nothwendigsten.

Wie klein ist aber die Zahl derer, die sich in so einer glücklichen Lage befinden, daß sie diesen Trieb, wenn sie hierzu die nöthigen Kräfte haben, auf eine erlaubte Art befriedigen können? Und wie groß und mannichfaltig ist der Jammer, der durch unnatürliche Einschränkung dieses Triebs in der menschlichen Gesellschaft angerichtet wird!

Ists etwa überspannt, wenn ich behaupte, die mehresten Ehen würden nicht aus Liebe, sondern

dern aus Eigennutz geschlossen, und dergleichen Verbindungen, als eine Quelle von mannichfaltigem Elende vorstelle?

Kann etwas traurigers gedacht werden, als die große Unwissenheit unserer mehresten Zeitgenossen, in Ansehung ihrer Gesundheitspflege? Sind nicht mehrentheils die Mittel, die man anwendet, sie zu erhalten, die wirksamsten, sie zu zerstören? Ists nicht zu bejammern, daß die Kenntniß der Natur, des Magazins, das alle Mittel, unsern Zustand zu verbessern, im Ueberflusse enthält, so sehr selten ist? ists nicht zu beklagen, wenn die Aufmerksamkeit der Kinder, von der gegenwärtigen Welt abgezogen, und, ehe sie diese kennen, auf das alte Palästina, Rom und Griechenland gerichtet wird? Ists etwa Erdichtung, wenn ich sage, daß in christlichen Schulen der Terenz gelesen, und in deutschen, christlichen Gemeinen gesungen werde:

An Wasserflüssen Babylon,
Da saßen wir und weinten.

Kann etwas kläglichers gedacht werden, als unsere Liturgie, und die Sorglosigkeit, sie zu verbessern?

Ist das, was ich von der Schwäche des menschlichen Körpers und Verstandes, von den zahllosen Krankheiten, die den erstern peinigen, und den Irrthümern und Schwärmereyen, die den letztern in Fesseln halten, von der erbärmlichen Verfassung vieler Schulen, Universitäten, Waysenhäuser und Gefängnisse, von der Unnatürlichkeit des Soldatenstandes, so wie er itzo ist, gesagt habe, nicht der Wahrheit gemäß? Findet man zu meinen Schilderungen nicht allenthalben die Originale?

Bey alle diesem Elende ist das bedaurenswürdigste dieses, daß sich so viele Menschen finden, die ihre leidende Brüder, gegen das Gefühl ihrer Plagen zu betäuben, und ihnen allen Muth sich zu helfen, zu benehmen suchen; daß sogar die Religion, die uns der Erlöser predigte, oft dazu gemißbrauchet, durch unrichtige Vorstellungen vom Vertrauen auf Gott, der Mensch in Unthätigkeit erhalten, durch unrichtige Erklärungen vom Glauben, das Selbstdenken gehindert, und das menschliche Elend, das augenscheinlich eine Folge des menschlichen Unverstandes ist, geradezu als eine Anordnung der göttlichen Weisheit

und

und Güte vorgestellet, und so dem Menschen Mißtrauen zu Gott, und zu sich selbst eingeflößet wird.

Unterdessen ists doch gewiß, daß sich die Aussichten in die Zukunft immer mehr aufheitern. Wenn wir zurücksehen auf die Verbesserungen, die, seit dem letzten Jahrzehend, im Staate, in der Kirche, in Schulen, auf Universitäten, geschehen sind, wenn wir das immer weiter um sich greifende Bestreben, die Leiden der Menschen zu mindern, bemerken: so wird doch die Hoffnung stärker, daß die Herrschaft des Unverstands einmal aufhören, die Weisheit ihre Rechte wieder erlangen, und die Fesseln, in denen die Menschheit seufzte, auflösen werde. Das Buch von der Erlösung wird, wie ich hoffe, zur Erreichung dieses Zwecks auch sein Theil beytragen.

Ehe ich dieses aber liefere, habe ich es für nöthig gehalten, ein Wochenblatt unter dem Titel: der Bote aus Thüringen, in das Publikum zu schicken. Da dieses mit dem Buche vom menschlichen Elende und von der Erlösung im genauesten Zusammenhange steht, so ist

es

es wohl schicklich, hier etwas von dem Zwecke und der Einrichtung desselben zu sagen.

Wenn die Erlösung vom Elende wirklich erfolgen soll: so dürfen wir nicht sowohl eine außerordentliche Person erwarten, die der, sich leidend verhaltenden, Menschheit Fesseln durchfeile, als vielmehr darauf rechnen, daß jeder, der Verstand und Kraft genug hat, seine eignen und seiner benachbarten Brüder Fesseln löse. Die mit vorzüglicher Kraft und Verstande versehenen Menschen, sind aber nicht in einer Classe der Bürger des Staats zusammengedrängt, sondern in allen Ständen zerstreuet. Es ist also ein Blat nöthig, das für alle, vorzüglich für die niedrigen Stände der Menschen, die bey weiten den größern Theil ausmachen, lesbar ist, das hier und da etwas hinwirft, um das Nachdenken zu reitzen, und die Kräfte des Verstandes bey denen zu entwickeln, die sie wirklich haben.

Dieß Blat soll nun der Bote aus Thüringen seyn.

Da ich es hinlänglich bewiesen zu haben glaube, daß ich mich bis zu den niedrigsten

Stän=

Ständen herablassen, und mich so ausdrücken kann, daß ich auch den geringsten verständlich werde: so finde ich zur Ausfertigung dieses Blats auch hierinne einen neuen Grund.

Da man es nicht unschicklich findet die Grönländer in grönländischer, und die Wenden in wendischer Sprache zu unterrichten, so wird man hoffentlich es auch nicht tadeln, wenn ich zum Volke in Volkssprache rede.

Da es ferner Pflicht ist, sich bey dem Unterrichte einer gewissen Menschenclasse nach ihrem Geschmacke zu richten: so wird man mir es verzeihen, wenn ich den Geschmack der Classe, für die ich schreibe, zu erforschen, und mich nach ihm zu richten suche. Aus diesem Grunde muß ich Zeitungsnachrichten beyfügen, die von einem in der Geographie und Statistik sehr geschickten Manne herrühren, und Aufsätze aus der Oekonomie und Naturgeschichte einweben, die von einem sehr erfahrnen Naturforscher verfertigt werden. Dieß Blat wird für den möglichst wohlfeilen Preiß geliefert. Es kostet der Jahrgang von 52 Bogen, in Gotha, 18 gl. Die Bestellungen darauf kann jedes auf dem nächsten
Post=

Poſtamte, oder in der nächſten Buchhandlung, in den Gegenden aber, durch welche die Gothaiſchen Zeitungsboten gehen, auf der Zeitungsexpedition machen. Wem es alſo ein Ernſt iſt, die Menſchen dahin zu bringen, ſich von dem Elende, das ſie druckt, zu befreyen, wird gewiß dieſe Schrift in ſeiner Gegend aufs möglichſte zu verbreiten ſuchen.

Aber — wird man ſagen.

Alle dieſe Aber weiß ich voraus, und will ſie ſogleich beantworten.

1) Die Freymüthigkeit, die im Carlsberg herrſcht, wird nie im Boten aus Thüringen ſichtbar.

2) Nie wird gegen irgend einen Stand geſprochen.

3) Keine Glaubenslehre, irgend einer Religionsparthey wird angegriffen.

Auf dieſe Verſprechungen kann man ſich zuverläſſig verlaſſen. Meine Schrift kann, vom Katholicken bis zum Socinianer, jeder ohne Anſtoß leſen. Möchten doch alle, die Aufklärung zu verbreiten ſuchen, eben dieſe Vorſicht beobachten! das Angreifen der Glaubenslehren

lehren erregt nur Verbitterung und Streit, worunter die gute Sache immer leiden muß. Man suche doch nur den menschlichen Verstand aufzuklären, so fällt alles, was wirklich Irrthum ist, von selbst weg. Einem unaufgeklärten Verstande gewisse Lehren als Irrthümer vorstellen zu wollen, ist vergebliche Arbeit, und — — ist der guten Sache nachtheilig!

Was nun das Buch von der Erlösung selbst betrift, so habe ich ganz besondere Gründe, die ich zu seiner Zeit meinen Lesern vorlegen werde, warum ich den Plan davon vor der Hand nicht bekannt mache. Nur das Motto dazu will ich hersetzen: Sehet, ich habe euch Macht gegeben, zu treten auf Schlangen und Scorpionen, und über alle Gewalt des Feindes; und nichts wird euch beschädigen.

Dieses Motto, lieber Leser, studire nun, und denke darüber nach! Findest du darinne einen vernünftigen Sinn, wird es dir warm um das Herz, fühlst du bey dir Lust, Schlangen und Scorpionen ähnliche Ungeheuer unter die Füße zu treten — gut! so glaube, daß du berufen bist, die Erlösung der Menschen befördern zu helfen.

Lies

Lies nun täglich, bey dem Frühstücke eine von Zollikofers Predigten über die Würde des Menschen! zur Abwechselung auch eine von meinen Gottesverehrungen, in welchen mein ganzes System bereits versteckt ist; denke darüber nach, und bemühe dich das, was du gelesen hast, auf dem Platze, auf den dich Gott stellete, in Ausübung zu bringen.

Verstehst du dieß Motto aber nicht, hältst du mich deswegen für einen Schwärmer, — nun so nimm zu deiner Beruhigung ein anderes Verslein an, das zwar nicht von Jesu herrührt, aber doch in verschiedenen Gesangbüchern steht und also lautet:

Laß kommen alles Kreuz und Pein!
Laß kommen alle Plagen!
Laß mich veracht't, verspottet seyn,
Verwund't und hart geschlagen!
Nur gieb, daß ich in solcher Pein,
Mög ein geduldigs Lämmlein seyn!

Register
über alle sechs Theile.

Die römische Zahl zeigt den Theil, die kleinere die Seite an. Der Buchstabe A bedeutet den Anhang zum fünften Theile.

A.

Abendmahl, eine sehr wichtige Handlung I. 313. eine Gelegenheit seinen Putz zu zeigen II. 126. Menschensatzungen dabey II. 152. schlechter Wein der zuweilen dabey gebraucht wird I. 312. soll vielleicht eine Erinnerung an den Gallentrank des Erlösers seyn 313. Anmerkung über das gewöhnliche Brod, das daselbst ausgetheilt wird 317.

Abstracte Begriffe werden sehr verkehrt den concreten vorausgeschickt III. 245.

Abwesenheit der Gedanken, ein größres Uebel als Despotismus, Pocken und Krieg III. 240.

Accidentien der Schullehrer und Geistlichen III. 90.

Adel, Vorzüge desselben II. 236. darf nicht vom bürgerlichen Blute befleckt werden II. 229. des Obristen v. Brav Gedanken davon 243. hat allein das Recht auf des Fürsten Geburtstage Glück zu wünschen VI. 86. der Stammbaum desselben hat oft einen mißlichen Grund 111.

Adeptus und **Alchymist,** siehe Goldmacher.

Aecker sind oft zu weit vom Dorfe entfernet und woher das komme VI. 188. der Schade, der daher entspringt 192.

Register.

Akademien sind für die Tugend und Zufriedenheit so gefährlich als der Sitz der Pest, Constantinopel ꝛc. I. 39.

Alkiburazinico, ein Reisender aus O-Taheiti III. 22. was er für Cultur gelernet auf seinen Reisen 23.

Alte Schriftsteller, nöthige Vorsicht bey ihrer Lesung in Schulen IV. 353. b.

Amen, merkwürdiges VI. 313.

Ambition, ob der Adel mehr davon habe III. 116.

Amtmannsstelle, sonderbare Art sie zu erhalten I. 116.

Anblick des Guten, das man selbst gestiftet hat III. 184.

Anton, Pater, wird incarcerirt, weil er eine Ode auf die Inquisition gemacht V. 60.

Arzt, einer in Pelzstiefeln hält viel auf Transpiration IV. 105. glaubt der halbe Mensch sey Staubmehl 107, ein anderer vermuthet überall Bandwürmer 113, ein dritter curirt bloß durch Bewegung 122, stirbt aber bey seiner Praxis beynahe Hungers 126, soll natürliche Anlagen haben 159, zwey widersprechen sich V. 89.

Arbeitsscheu wird durch die Lektüre des Carlsbergs nicht befördert, sondern verhindert A. 10.

Avancement, Ungerechtigkeiten dabey III. 115.

Aufklärung, wie sie beschaffen seyn muß III. 85. 100, führt Leiden mit sich III. 69, 100, doch mehr Glückseligkeit als die Unwissenheit III. 102, sie zu verbreiten ist Pflicht des Schriftstellers, A. 93, soll ein Mittel werden, desto mehr Gutes zu stiften VI. 174, Einwürfe wider dieselbe IV. 320, ob sie den gemeinen Soldaten nützlich 326.

Auge,

Register.

Auge, ist der schönste und gefährlichste Theil des menschlichen Körpers VI. 262.

Ausdünstungen fauler Körper in den Kirchen III. 219.

B.

Bandwürmer vermuthet ein gewisser Doctor bey allen Kranken IV. 114.

Barbierer, will einem, der unter Schinders Händen gewesen nicht zur Ader lassen III. 45. ihre Hände und Scheermesser sind zuweilen sehr gefährlich V. 160, A. 83, verbreiten oft die Blattern VI. 161, Chirurgus und Barbierer sollten beyde nicht in einer Person vereiniget seyn, 161.

Bauer, deutscher, ißt wöchentlich zweymal Fleisch VI. 241, büßt jährlich wegen der bösen Wege viel von seiner Saat ein V. 7, Bauern werden, von Rechts wegen, jämmerlich gedrückt IV. 365.

Baumpflanzung, merkwürdige, VI. 314.

Begräbnisse in der Kirche höchst schädlich III. 217.

Beichte, aufrichtige, eines Kranken und Sterbenden I. 306.

Besserung des Menschen sollte der Hauptzweck jeder Gesellschaft seyn III. 58.

Betrug, wodurch er befördert wird III. 3.

Betrügerey, niederträchtige, eines Handelsmanns III. 178, 181.

Bettler, merkwürdige Geschichte von einigen derselben I. 176.

Bild Gottes an dem Menschen ist keine Chimäre A. 96.

Bilder,

Register.

Bilder, fratzenmäßige, die auf Religion Beziehung haben, thun großen Schaden A. 55. vernünftiger Befehl Gottes: du sollst dir kein Bildniß machen 56.

Bildung der Jugend nach den Griechen und Römern IV. 184.

Bildhauer, sein Urtheil über die Zweckmäßigkeit unserer Kleidung VI. 257.

Blattern können ganz vertilget werden VI. 158. stecken nur durch unmittelbare Berührung an 160.

Bordelle, Schädlichkeit derselben II. 42.

Bote aus Thüringen VI. 331.

Bratwürste sind verpachtet IV. 154.

Braut, eine ganz gewöhnliche Ankleidung derselben wird stückweise beschrieben V. 273.

Brav, Oberster, giebt Carlsbergen guten Rath I. 10, schreibt an den Rektor Californius 148, seine Gedanken über die gewöhnliche Erziehung 168, trift einige unglückliche Bettler an 176, sieht einen Luftballon aufsteigen IV. 47, bekommt Verdruß, da er ein Pferd einer Wittwe wieder schaffen will IV. 63. sagt der Fr. v. Carlsberg bittere Wahrheit über ihren Adelstand VI. 110.

Brav, Ferdinand von, wundert sich, daß Selbstschwächung etwas unerlaubtes sey I. 138.

Bristol, Cammerherr, weiß die schwache Seite eines Frauenzimmers zu treffen IV. 313.

Brod, schlechtes, eine Ursache vieler Krankheiten VI. 183.

Briefe, werden zuweilen auf den Posten erbrochen V. 153, ist mehrentheils ungerecht, wenn es auch ein Fürst befiehlet A. 79.

Brüche,

Register.

Brüche, warum diese Gebrechlichkeit jetzt so gemein ist VI. 47, 50, besonders bey Soldaten 49.

Bücher, die man mit Puder, Haarnadeln und Schnürbrüsten ins Feuer werfen kann A. 20.

Bullinger, Hauptmann, avancirt, weil er catholisch wird V. 77.

Bürger, fremde, die aufgenommen werden, stiften oft viel Böses III. 127, die Grünauer Bürger sehen elend aus, die Ursache davon II. 172. 193.

Bürgermeister, warum einer sein Amt niederlegt III. 127.

Bürgerliche sollen nicht zurückgesetzt werden III. 115, dürfen irgendwo keine Landgüter ankaufen IV. 240.

C.

Californius, Rektor, I. 148, entschuldigt die Selbstbefleckung 167, bekommt eine scharfe Lection von Obrist v. Brav 168. 170. seine Erziehungsart IV. 183.

Candidaten, Menge derselben III. 75, warum einer einen Pfarrdienst ausschlägt III. 108.

Capitulation wird nicht gehalten III. 62.

Carlsberg, Carl, sieht die Henriette zum erstenmale I. 5, ist unglücklich im Kartenspiele 34, wird schlecht geschildert 41, wird von seinen Gläubigern verfolgt 68, faßt einen musterhaften Vorsatz seine Schulden zu bezahlen 107, ist Freyherr und doch Sclave 127, duelliret 142, rettet eine Unglückliche von der Strafe 202, trift Henrietten unvermuthet au 260, eine freche Dirne will ihn nothzüchtigen

Register.

II. 92, duellirt abermals 99, hat einen merkwürdigen Traum 207, wird relegirt 293, seine Phantasie geräth in große Lebhaftigkeit III. 1, unterredet sich mit einigen die nach Amerika emigriren 7, besucht einen Delinquenten der gerädert werden soll 33, ihm wird bey der Gelegenheit seine Uhr gestohlen 49, sein Abentheuer mit einer Nonne 291, und einer im Grabe liegenden Jüdin 297, geräth den Aerzten unter die Hände, IV. 158, wird für ein Gespenst angesehen 210, ihm wird sein Pferd gestohlen 212, besucht eine Maskerade und trift die Menzerin an 341, eben daselbst seine Mutter 347, beweißt Henrietten seine Unschuld VI. 112, rettet einen Juden 118. wird von Räubern angefallen 286. steigt ins Hochzeitbette 323.

Carricatur, was eigentlich dergleichen ist A. 60.

Casse, gemeinschaftliche, fehlt an vielen Orten V. 20, wird aber auch zuweilen schlecht verwaltet 32.

Chirurgus, siehe Barbierer.

Christus, ihn lieb haben ist besser denn alles wissen, wird oft unrecht verstanden I. 362.

Christen, die mehresten schränken ihre Tugend nur auf die Kirche ein VI. 203.

Christenthum: Geist desselben worinnen er bestehet VI. 204, Werth desselben IV. 196.

Commissionen kosten sehr viel V. 32.

Comödie, unschickliche, an eines Fürsten Geburtstage VI. 83.

Consistorialverhandlungen II. 262. IV. 80.

Copulation, eine gezwungene, vor dem Consistorio IV. 87.

Corpus

Register.

Corpus Juris, kann verbrannt werden A. 21.

Crucifix, von dem Maler Riccioli, der deswegen einen Bettler tödtete um es recht zu treffen V. 338.

Cultur, was ein O=taheiter in England davon gelernet III. 23. Folgen der Aftercultur auf die Gesundheit 26 ꝛc.

Currente, die singt vor einem Bierhause: Sey Lob und Ehre mit hohem Preiß IV. 26.

D.

Denken lehrt man den Gelehrten; aber nicht Handeln III. 245.

Deserteur, lauft davon weil man ihm die Capitulation nicht gehalten und wird gehängt III. 62, Deserteur wird gespiesruthet IV. 28.

Diebe, die kleinen hängt man, die großen fahren in der Kutsche III. 30.

Dichter, heidnische, sollten sehr vorsichtig mit der Jugend gelesen werden VI. 207.

Doctor, die auf dem Lande herumziehenden, was sie für Schaden anrichten II. 201.

Dominikus, Stifter der Inquisition V. 59.

Dorf, ein neues, wie es angelegt werden könnte, VI. 191.

Dorfpfarrer, ein junger, wird vor das Consistorium gefordert IV. 80.

Dummkopf, ein wirklicher, ist so selten als ein Blinder III. 78.

Register.

E.

Ebenbild Gottes, worinnen es bestehet A. 96.

Ehe, mit der verstorbenen Frauen Schwester II. 263, eines jungen Mädchen mit einem alten Manne 271, IV. 10, Beschreibung einer sehr unglücklichen III. 148, IV. 9, sie muß ein freywilliger Vertrag seyn IV. 88.

Ehegattin, welche zu wählen VI. 103.

Ehestand, wird schlecht begünstigt I. 64.

Eheleute, die Mißverständnisse unter ihnen müssen geheim gehalten werden V. 191.

Ehelosigkeit, Zwang dazu macht elend IV. 34.

Eid, Mißbrauch desselben IV. 93.

Eidschwüre eines Handelsmannes III. 178.

Eifersucht, ein Auftritt derselben IV. 9.

Einsiedler, sonderbarer, VI. 308.

Einwirkung des Geistes Gottes, man spotte derer nicht, die daran glauben III. 4.

Emigranten, Geschichte einiger, die nach Amerika emigriren III. 6.

Erbauungsstunden, Vertheidigung derselben, III. 268.

Erb- und Gerichtsherr hat Amt genug, wenn er für seine Unterthanen sorgt III. 75.

Erde, ist kein Jammerthal, aber die Leute die darauf wohnen, taugen mehrentheils nicht viel, VI. 195.

Erbfolge in der Regierung, wird bestritten, aber auch vertheidiget III. 189.

Erziehung der Gelehrten ist ganz verkehrt III. 242, Traum über die Erziehung 278, verderbliche eines jungen Grafen IV. 362.

Register.

Eselsarbeit und Zeisigsfutter haben viele Schullehrer III. 87.

Evilmerodach, Fürst, seine Unterredung mit dem Feldprediger Wenzel vom Kriege II. 31, giebt, zum Versuche, den Einwohnern in Marnewitz völlige Freyheit III. 197, was dabey herauskam 230, schafft das Spißruthenlaufen ab 341.

Europäer, ihr grausames Betragen gegen die armen Indianer V. 117.

Examen, eines jungen Grafen von seinem Hofmeister IV. 362.

Exorcismus, ein Mißbrauch des göttlichen Namens I. 316.

F.

Familienfreuden sind die süßesten VI. 181.

Fasttage der Katholiken III. 310.

Ferdinand, des Obristen v. Brav's Sohn, ein unglücklicher Mensch I. 137, 157, glaubt nicht an das menschliche Elend II. 257, wird ein Herrnhuter IV. 356.

Feuersbrünste, schlechte Anordnung bey denselben IV. 44.

Fieber, wie es ein gewisser Arzt am besten und sichersten curirt IV. 122.

Fluch, Abscheulichkeit der Eltern, die ihre Kinder verfluchen VI. 102.

Flurschütze, läßt für einen halben Gulden über die Saat reuten und fahren V. 9.

Freundschaftsdienst, Erzählung eines sehr enthusiastisch albernen III. 209.

Register.

Freyheit, allzugroße, der Unterthanen, wozu sie verleitet III. 230.

Frisur, hindert die Verbindung zweyer Liebenden II. 282.

Friseurs, ihre Lebensart wird umständlich beschrieben II. 158.

Fuhrleute, was sie durch böse Wege leiden V. 12.

Fürst, ein, hat einmal Lust Wahrheit zu hören II. 36.

Fürsten, über ihre Nothwendigkeit III. 195, 234, ihre Last ist schwer 106, von ihnen muß die Menschheit nicht alles Heil erwarten IV. 60, wie sie die menschliche Glückseligkeit vermehren könnten IV. 283, haben wenig Freunde II. 30.

Fußstapfen, Jesu am Oelberge, sollen einen Beweiß von der Wahrheit der christlichen Religion geben III. 94.

G.

Gebote, die zehn Gebote, für wen sie eigentlich gegeben worden I. 368, IV. 83.

Geburtstag eines Fürsten, wie er gefeyert wurde und wie er hätte sollen gefeyert werden VI. 87.

Gefängnisse, unmenschliche Einrichtung mancher derselben IV. 218.

Geister, Umgang mit ihnen, warum manche ihn wünschen V. 259, Oberster der Geister, wer er ist 261. Schwedenborg rühmt sich eines besondern Umgangs mit ihnen V. 255.

Register.

Geistlicher, läßt einem begnadigten Delinquenten zur Ader III. 45.

Geld, macht nicht glücklich II. 40.

Gelehrte maßen sich das Monopol über alle menschliche Kenntnissen an III. 77, haben ihre Weidmannssprache unter sich 80, sind oft abwesend in Gedanken 242.

Gelehrsamkeit, gründliche, was darunter zu verstehen A. 16.

Gerechtigkeit, schlecht gehandhabt III. 53. ꝛc.

Gerichtsherr, bekommt das beste Stück Vieh, so oft einer seiner Unterthanen stirbt IV. 67.

Gerichtshalter, ohne Menschengefühl III. 46. der nicht weiß, was Moralität ist, und doch straft 51.

Geschmack, schlechter und guter A. 88.

Gesellschaft der Menschen ist in manchen Stükken unsern Neigungen nicht gemäß L. 13.

Gesellschaftlichkeit, wie sie itzo ist III. 169.

Gesetze sollten den Unterthanen deutlicher bekannt gemacht werden III. 36, 56. dictiren nichts als Strafe, nie Belohnung 58, stehen im Widerspruch mit dem menschl. Herzen, ebend.

Gespenst, Carlsberg glaubt eines zu sehen III. 299, wird selbst für eines angesehen IV. 210, Gespensterfurcht III. 304, IV. 116.

Gesundheit, auf alles mögliche wird mehr Rücksicht genommen als auf diese IV. 124.

Gesundheitspflege, schädliche Vorurtheile, selbst der Aerzte in Absicht auf dieselbe IV. 105, wichtigere Grundsätze eines vernünftigen Arztes IV. 126.

Ge=

Register.

Gespräch, ein schändliches, bey Tische IV. 375.

Getraide, wie es in nasser Erndte doch könnte verwahrt werden VI. 186.

Gibraltar, Belagerung V. 289, schwimmende Batterien 294, ein deutscher Schlosser soll daselbst den Gebrauch der glüenden Kugeln gewiesen haben 295.

Glaubensbekenntnisse, geben Stof zum Pharisäismus IV. 293, ob ein neues nöthig und nützlich IV. 302.

Goldmacher, wahre und betrügerische V. 232, das entdeckte Geheimniß Gold zu machen 236.

Gottesdienst, Exempel eines sehr unvernünftigen IV. 188.

Gottesdienstliche Versammlungen III. 271.

Grabschriften, ofte sehr lügenhaft V. 128, eine lächerliche 311, wie sie seyn sollten 132.

Grenzlinien, zwischen dem Befehlenden und Gehorchenden Theile sind schwer zu bestimmen IV. 323.

Grimlein, Hofrath, will Henrietten heyrathen II. 117, heyrathet Luise Hellwigin III. 263, ist sehr eyfersüchtig IV. 9.

Gutheim, (Barons von) edle Menschenliebe III. 47, 48.

H.

Halseisen, schädliche Wirkung desselben III. 65.

Hazardspiele, ihre Schädlichkeit I. 34. 45.

Heerbrand, (Magister) ißt Rebhüner vor Hammelbraten III. 239, ist immer zerstreut 240, macht

Regiſter.

macht nichts aus Pädagogen, Rectoren u. ſ. w. 249.

Hellwig, Friederikens Vater, ſchreibt an den Obr. Brav II. 116.

Hellwigin (Friederike) peinigt Henrietten I. 18. 52. ſucht ſie unglücklich zu machen 270, führt ihr den alten Hofrath Grimlein zu 110, ihre Zubereitung zum Tode IV. 1, ſtirbt 4, ihre Leichenpredigt 17, ihre Wartfrau hält ihr eine, die wahrhaftiger 24.

Hellwigin (Luiſe) erzählt ihre erſte Liebesgeſchichte I. 23, heurathet den Hofr. Grimlein III. 263, führt eine unglückliche Ehe IV. 8.

Henriette, ſieht Carlsbergen zum erſtenmale I. 5, geſteht ihre Liebe zu ihm 19, ſoll einen alten Hofrath heyrathen 111, geſteht ihre Fehler VI. 146, ihre Gedanken von der Pathenſtelle IV. 166, macht Anſtalten zur Hochzeit VI. 306, wird getrauet 310, wird vom menſchlichen Elende erlöſet 313, beſteigt das Hochzeitbette 323.

Herrnhuter, Urtheil über ſie V. 299, ihr Vorzügliches 299, ſind wahre Weltbürger 302, ihre Arbeitſamkeit 303, Kleidung 305, bey ihnen iſt kein Luxus anzutreffen 306, ihre Verheyrathung 307, Gottesverehrung 308, Begräbniſſe 309, vormaliger Ehegreuel 312, ihr Lehrſyſtem 313, ein Theil der Brüder und Schweſtern ſind wahre Maſchinen 315, gezwungene Verheyrathungen unter ihnen 317, ihre Entſcheidung durchs Loos wird gemißbilliget 319.

Herrnhuter, ein ſchwärmeriſcher IV. 316.

Heu und Stroh, wie es bey naſſer Witterung könnte unſchädlich erhalten werden VI. 186.

Register.

Hieroglyphen, ägyptische, enthalten nicht die Kenntniß der geheimen Kräfte V. 252.

Hirschhorn, soll manchmal aus Todtenköpfen gemacht werden V. 135.

Hochzeit, ärgerliche Gedichte auf derselben V. 285, unzüchtige Reden, eben daselbst.

Hofleben, das ist sehr gefährlich II. 309.

Hofmeister, müssen sich leider bey der Erziehung der Kinder, nach der Vorschrift der Eltern richten IV. 356.

Hohelied Salomonis wird von Kindern gelesen III. 92.

Honoratiores halten bey offener Tafel die unzüchtigsten Gespräche IV. 375.

Hufland (Doctor) sein Vorschlag über die Vertilgung der Blattern wird gebilliget VI. 159.

J.

Jäger, Grausamkeit eines derselben gegen einen Bauer, den er in dem Fasan=Garten antrift II. 349, bekommt Besold, wenn er Raubvögel schiesset VI. 22.

Impost, schwerer, giebt zum Betruge und Meyneid Gelegenheit III. 3.

Inquisition, das abscheulichste was je auf Gottes Erdboden gewesen ist V. 56.

Inscription, auf Akademien I. 354, eines Hochzeitbettes VI. 323.

Insefeld, der Bürgermeister daselbst V. 24, alberner Streich der Bürger daselbst 27.

Intoleranz, einiger Lutheraner gegen Reformirte III. 15, und umgekehrt 16.

Inter=

Register.

Interessen, Akademische I. 47.

Invaliden, Versorgung derselben, ohne Unkosten des Fürsten V. 10.

Journale, wer sie alle lesen will, verdirbt sich viel Zeit, wo er etwas nützlicheres thun könnte VI. 172.

Juden, begraben ihre Todten zu früh III. 301, essen nicht von den Hintertheilen der Thiere 308, auch keine Butter an den Braten 309, hartes Schicksal derselben unter den Christen VI. 121, ihr Sabbath 124, ob man ihnen die Schuld ihrer Vorfahren mit Recht aufbürden kann 129, einer derselben erzählt Carlsbergen seine Schiksale 131, möchte sich gerne taufen lassen, wenn ihn nicht eine Schwierigkeit abhielte 137, ihnen ist in manchen Ländern das Heurathen verboten 138, die mehresten zehren nur, aber erwerben nichts 141.

Jungfern, alte, wie alte Kandidaten I. 30.

K.

Kartenspiel, ein unnützer Zeitvertreib V. 304. in welchem Falle es nützlich ist III. 161. Beyspiel eines unglücklichen Kartenspielers I. 34. Karten und Hazardspiele müssen gemieden werden 41.

Katechismus, wie er in mancher Schule gelernt wird III. 91.

Katholik und Papist sind sehr verschieden V. 63.

Kinder, verzärtelte I. 253, sterben fast nur von Folgen einer fehlerhaften körperlichen Erziehung

Register.

ziehung IV. 112, wie sie geübt werden sollen II. 195, lernen von Soldaten viel Böses III. 107, in wie fern sie über den Fluch der Eltern erschrecken müssen VI. 102.

Kindermörderin III. 64, VI. 74, Ursachen des Kindermords III. 64.

Kindtaufe, Gespräch darüber IV. 175.

Kirche, wo weder lutherisch, noch reformirt, noch katholisch, sondern christlich Gott verehret wird IV. 305, katholische, wie und warum sie sich so sehr ausbreitet V. 72.

Kirchenbuße II. 123.

Kirchengebet, musterhaftes für den Landesherrn, II. 186.

Kirchenstaat, schlechte Regierung daselbst V. 63.

Kleider, allzukostbare, thun den Frauenzimmern vielen Schaden A. 63.

Klöster, Weinschank in denselben V. 329. man hat sie niedergerissen und die Vorurtheile derselben beybehalten III. 249, 251.

König in Frankreich macht Schulden VI. 242.

Kopfpuz, der Frauenzimmer oft unnatürlich I. 273, 279, Ursprung desselben 282, einer Braut umständlich beschrieben V. 273.

Körper, des Menschen, siehe Leib.

Krämer, wie er seine Waaren empfiehlt III. 176.

Krankheiten, wie soll man sich dabey verhalten? IV. 46.

Kraskis, Roman, Charlotte genannt wirket viel Böses IV. 247.

Krieg,

Register.

Krieg, Grausamkeiten, die in demselben verübet werden II. 31, ob er nothwendig? IV. 330, fürs Vaterland kommt kaum alle hundert Jahre einmal vor 328, durch wahre Aufklärung muß er immer seltener werden 330, der Sohn ermordet darinn seinen Vater II. 36.

Kugeln, glühende zu Gibraltar V. 294, ein Schlosser, der ihren Gebrauch gewiesen, wird schlecht belohnt 297.

L.

Labre, der Bettler, wird canonisirt V. 60.

Landesherr, bekommt Zoll und Geleite, und bessert oft die Wege nicht V. 19.

Landprediger, ein alter, beklagt sich über das Sittenverderben durch die Soldaten III. 117.

Leib, des Menschen, sein großer Einfluß auf die Seele V. 92, hat seine ursprüngliche Schönheit nicht mehr VI. 257.

Leiden, manche Geistliche und Schullehrer müssen darauf hoffen III. 90.

Leichenpredigt, eine unschickliche IV. 17, arme gute Leute bekommen keine 21, 24.

Leichenstein, siehe Grabschrift.

Leiden, sind Wohlthaten, weil sie uns klüger und besser machen können L. 93.

Leidessen, eine alberne Gewohnheit IV. 19.

Leihbibliotheken, Schaden, den sie stiften, wenn keine Aufsicht auf dieselben ist VI. 63.

Liturgie. Mißbräuche derselben müssen öffentlich angezeigt werden A. 92, hat aber in den Augen der mehresten eine übertriebene Heiligkeit L. 315.

Liebe, darf man nicht immer gestehen L. 22, entsteht oft aus thörigten Ursachen VI. 104,

Register.

das heftige Verlieben in eine Person ist ein großer Fehler 146.

Liebhaber, ein theurer II. 222.

Liebesbriefe, eine Folge derselben IV. 11.

Lieder, neue wollen die Consistoria oft nicht leiden IV. 80.

Lesen, das allzuviele schadet oft VI. 171, in wie fern Lektüre nützlich ist 177.

Lotto, macht viele Bettler III. 226.

Luftschiff, Gedanken über die Erfindung desselben IV. 47, verunglückt 49, unvernünftiger Spott dabey 50, 55, will jemand für unmöglich halten 56, wird widerlegt 58, V. 325.

Luchsenburger, (Superintend) schreibt an Herrn Pankratius über die himmelschreyende Schädlichkeit der neuern Pädagogen VI. 36, dessen Schwester will sich gerne manipuliren lassen 40, er will einen Bettler Krums kanonisiren 41.

Luxus, seine Schädlichkeit VI. 320, wie nützlich die Einschränkung desselben sey 321.

M.

Mädchen, man darf mehrentheils nicht dasjenige wählen, welches einem am besten gefällt I. 15, deutsche, wenn sie einen Kuß erlauben VI. 252, Mädchensehnsucht VI. 79, lassen sich gerne Schmeicheleyen vorsagen IV. 312.

Mahlerey, alberne in manchen Zimmern V. 45.

Mäntel, der Schüler, sind unschicklich und schädlich IV. 186.

Manuscripte, der Verstorbenen sind heilig V. 148.

Maria, die heilige Jungfrau, soll nach der Vulgata, der Schlangen den Kopf zutreten V. 54.

Maria Magdalena, (heilige) muß das Bild von der Maitresse eines hochseligen Bischofs vorstellen V. 336.

Register.

Marktschreyerey von der Obrigkeit erlaubt II. 158. warum? 201.

Marnewitz, Tumult der Bürger daselbst III. 183.

Maskerade, Beschreibung einer IV. 238.

Maulwürfe, können einen Damm unterminiren A. 48.

Mauerbrecher, ein mißvergnügter Reisender II. 22. III. 136.

Mensch, der, ist kein Haußthier, mit dem man schalten und walten kann, wie man will IV. 333. kann alles abändern, wenn er nur ernstlich will VI. 185. kann von seiner Stube aus in 5 Erdtheilen wirken II. 16.

Menschenliebe, unsers Jahrhunderts III. 33.

Menschenverstand, der gesunde, wandelt ohne Geräusch umher II. 112.

Menzerin, Braut des verstorbenen Rollows II. 72. tritt im Dienst einer Prinzessin III. beschreibt ihr Schicksal bey Hofe 277, die Prinzessin vertraut ihr Geheimnisse 289, ein Kammerherr verliebt sich in sie IV. 313, giebt dem Sup. Wenzel das Jawort VI. 274, ist ihm angetrauet 317.

Mezgergesell, wie er examinirt wird, wenn er will Meister werden II. 81.

Mißbräuche, auch die albernsten bestehen Jahrhunderte IV. 28.

Mißionarius, einer derselben erzählt seine Schicksale V. 102, kommt ins Gefängniß weil er Sklaven zum Christenthume bekehren will 109.

Moliere in welcher Rücksicht seine Schauspiele Muster sind VI. 249.

Mordbrenner, einer, warum er es geworden III. 68.

Moralität, auf sie muß bey Bestrafungen Rücksicht genommen werden III. 51.

Register.

Motto, zum Buche von der Erlösung VI. 335.
Mutter Gottes, eine Copie von der Mediceischen Venus V. 337.
Mütter, vergessen oft ihre Kinder, und gehen dem Tanze nach I. 85.
Musik, lächerliche, bey einer Hochzeit in der Kirche V. 281.
Mythologie, deren Kenntniß für die Jugend gefährlich IV. 371.

N.

Nachdenken, durch, richtet man alles aus I. 16, Mangel desselben erhält die größten Grausamkeiten und Thorheiten in der Welt IV. 71.
Nachdruck, der Bücher ist nicht zu entschuldigen III. 119.
Nachdrucker, ihre Schädlichkeit III. 120.
Nacktheit, ist weniger gefährlich für die Sitten als übertriebene Verhüllung VI. 260, III. 261.
Namur, (Räthin) verklagt ihren Mann vor dem Consistorio wegen Ehebruch II. 262, muß ihn aber doch behalten IV. 100, erfährt immer mehr böses von demselben VI. 72.
Narren, oder Blödsinnige zu verspotten ist große Sünde VI. 152.
Natur, Gott spricht auch in der Natur zu uns II. 66, wie weit und vielfältig man von ihr abweicht IV. 257.
Naturlehre, erleuchtet die Menschen II. 68.
Neujahrssingen der Schullehrer III. 88.
Nonne, Gertrude, eine aus dem Kloster entsprungene III. 293, wird von Zelniken geschwächt IV. 244.

O.

Officier, bürgerlicher, avancirt nicht leicht III. 113.

Onanie,

Register.

Onanie, siehe Selbstbefleckung.
Orden, der schwarze Rabenorden, wird einem dreyjährigen Prinzen umgehängt VI. 87.
Orthodoxie, bringt schädliche Wirkungen IV. 296, wie sie am besten abzuschaffen 304.

P.

Pabst, will allein bestimmen was in der Religion wahr ist V. 55, ist ein schlechter weltlicher Regent 63.
Pädagogen, worauf sie vorzüglich mit sehen sollten III. 248, die ersten in Deutschland waren Pfaffen 249.
Papist, Unterschied zwischen ihm und einen Katholiken V. 66. A. 41, hat den Grundsatz, Ketzern brauche man nicht Wort zu halten 67, ihre Art die Ketzer zu bekehren 355.
Pardon, bekommt einer der gerädert werden sollte III. 42.
Paß, ohne dem wird niemand beherberget V. 49.
Pathen, versprechen was das Kind künftig glauben soll IV. 166.
Pelzmützen, III. 95.
Peruquen IV. 71, 185.
Pharisäismus, ein schreckliches Uebel IV. 284, im Judenthume 287, im Pabstthume 290, in der lutherischen Kirche 292.
Posthalter, sind oft unbillig in ihren Forderungen VI. 197. Ober-Postämter sollten besser über sie wachen, 199.
Postillon, ohne Gewissen VI. 202.
Prediger, was er seiner Gemeine seyn soll III. 58, müssen von Accidentien leben 134, ihre schlechte Besoldung 259, Worte eines sterbenden Predigers 276, muß Menschenkenntniß

niß besitzen, und der Rathgeber seiner Gemeinde seyn II. 62, wer den Geist und den Körper des Menschen nicht kennt, ist ungeschickt ein Prediger zu seyn 64.

Priester, ein katholischer, entspringt aus dem Kloster-Gefängnisse V. 52, Ursache seines Gefängnisses 53.

Prinzen, wie sie gewöhnlich erzogen werden VI. 91.

Prinzessin, eine, erzählt ihre traurigen Umstände II. 325, ist in einen Sekretair verliebt 327.

Professor, wie einer zur Frau kömmt III. 144.

Professuren, wie man sie erlangen kann III. 140.

R.

Raben sind Muster für die Menschen, VI. 279.

Raubvögel, haben auch ihren wahren Nutzen VI. 24.

Rädern, ist Barbarey III. 23.

Reformation, totale, der Schulen, wäre zu wünschen VI. 206.

Reformiren, muß anstehen, bis der Verstand ein gewisses Alter erreicht hat III. 76.

Reformationstalente, müssen angebohren werden V. 35.

Reformirte, werden in manchen lutherischen Städten nicht geduldet III. 12.

Reisende, leiden viel durch böse Wege V. 14.

Reisender, dem es nirgends gefällt II. 23, III. 136, gute Gedanken eines Reisenden in grosser Gefahr IV. 196.

Religion und Liturgie sind sehr verschieden A. 91.

Religionseifer und schändliche Betrügerey in einer Person vereinigt III. 15, 19.

Register.

Religionsspötter, sind bisweilen zu entschuldigen III. 312.

Republikanische Regierung, ihr nachtheiliges III. 191, 202, 230.

Reue, des Herausgebers VI. 324.

Riccioli, ein Mahler, ließ einen Bettler binden, und ans Creutz schlagen, und erstach ihn, um einen sterbenden recht zu treffen V. 338.

Ribonius, (Professor) wie er zum Amte gekommen III. 138, dessen unglückliche Ehe 148, findet keinen Trost in der Religion 154, hängt sich an ein leichtfertiges Mädchen 154, ergiebt sich dem Brandteweintrinken ebendas., will sich erschießen 257, erschießt sich wirklich 266.

Ribonius, (Fr. Professorin) will Carlsbergen verführen I. 78, 87, wendet viel Geld an ihre Galans II. 335, liegt an einer häßlichen Krankheit darnieder III. 258.

Richter, Exempel eines Ungerechten I. 208.

Richter (der Welt) wird einmal nicht fragen, was hast du geglaubt, sondern, wie hast du meinen Willen gethan IV. 295, VI. 111.

Rollow, Diakonus erste Bekanntschaft mit Carlsbergen I. 305, verhindert einen Meyneid IV. 95, muß Schulden machen III. 164, bezahlt seine Schulden VI. 278, hält eine Hochzeitrede 311.

Rollow (Bruder des vorstehenden) ein Candidat wird zu Tode examinirt II. 54.

Romane, stiften viel Böses IV. 246, 252.

Rübnerin (Charlotte) wird von Carlsbergen von der schändlichen Strafe die sie leiden soll, befreyet I. 205, Schicksal ihres Vaters 232, dessen Beichte 300, Heinrich Selbiger, Bräutigam der Rübnerin, schreibt an sie II. 168,

Register.

er heyrathet sie VI. 320, beyde bekommen ein Haus 322.

S.

Schatzgräberey, Glaube daran IV. 204.
Schlafröcke der Schüler IV. 186.
Schmerz, dem Schmerze muß man Trotz bieten V. 100.
Schminke, eine böse Mode IV. 257.
Schneiderzunftmißbrauch ist Schuld daß ein Mädchen Hure wird II. 95.
Schnürbrüste, Schädlichkeit derselben V. 273.
Schönheit, derjenige, dem das Gefühl für die eine Art fehlet, hat mehrentheils auch keine für die übrigen A. 54.
Schröpfer, hat Schmach über unsre Nation gebracht V. 178.
Schriftsteller von Talenten, haben große Würde V. 172, A. 35, an ihnen strahlen die Züge Gottes A. 98.
Schulen, was darinnen gelehrt wird II. 196, klösterliche Form derselben III. 251, sehen die Schüler oft als ein Jammerthal an V. 226.
Schulen, Mädchen, ihre schlechte Einrichtung V. 199, 202.
Schullehrer, die ihrem Amte würdig vorstehen A. 109, haben schlechte Besoldung III. 87, müssen oft von Haus zu Haus gehen und einsammeln 87. ꝛc. sind oft sehr schlecht 96.
Schulmeister, einer derselben verführt die Kinder III. 125.
Schüler, jeder soll sein einzeln Bette haben, und warum? V. 223.
Schwedenborg, was von ihm zu urtheilen V. 255.

Schwär=

Register.

Schwärmerey zweyer Freunde III. 203, artet in Diebstahl aus 210, jeder hat einen Hang zur Schwärmerey 230.

Schwierigkeiten und Hindernisse, höchst wohlthätig für die Menschheit IV. 281.

Sechswöchnerinnen, sterben zuweilen wegen des Kindtaufsschmauses IV. 171.

Seele, kann nicht gebessert werden, wenn man nicht zugleich dem Körper hilft V. 90.

Selbstbefleckung, ein traurig Exempel davon, I. 138.

Selbstmord, Ursachen desselben III. 319, 266.

Selbstmörder, ein, will seine That entschuldigen II. 360.

Silhouette von Bratenbrühe auf der Wange eines Mädchens I. 114.

Silkowitz, Lieutenant, III. 326.

Sittenverderben unsrer heutigen Jugend III. 107.

Soldaten verführen die Jugend III. 107, ihre Dienste hindern die Ehen und geben zu Hurerey Gelegenheit III. 117, IV. 36, stehlen zuweilen wegen schlechten Soldes 125, sind Maschinen 331, wie sie ofte geworben werden 334, IV. 33, was sie bey Feuersbrünsten thun 42, was sie oft aus Desperation thun 278, ein neugeworbner will entwischen und wird erschossen VI. 13, könnten wie ehedem die römische Soldaten die Wege bessern V. 20, bekommen zu geringen Sold 21, A. 74, Wahrheitsgefühl ob es bey ihnen zu schärfen IV. 321, ihr Elend 33.

Sonntagsbüchelchen, was einige Bauern da hinein schreiben IV. 368.

Spißruthen laufen III. 322, Einfluß desselben auf Moralität 329.

Spielsucht, Schädlichkeit derselben I. 40.

Register.

Studenten, ein Handwerkspursche lehrt einigen derselben Mores I. 161, Studententumult 151, borgen oft und bezahlen nicht II. 131, sind deswegen doch keine Schelme 131, suchen ihre Ehre darinn die Weiber zu verführen 136.

Staatssecretair, einer der Wechsel macht und ein Landesverräther ist III. 129.

Strafen der Verbrecher, wie sie beschaffen seyn sollten und nicht sind IV. 261.

Straßen, schlechte V. 12, sollten Anstalten zur Verbesserung derselben seyn 23.

Straßenräuber, der nur ein Schock Käse jemanden auf der Straße abgenommen, soll gerädert werden III. 29.

Stammbäume der Adelichen haben zuweilen einen mißlichen Grund VI. 111.

Studentenlieder, schöne Probe aus einem I. 152.

Superintendent examinirt einen Candidaten daß er stirbt II. 69, kommt in Verlegenheit darüber 72, sucht sich zu vertheidigen 76, ein würdiger III. 74. ꝛc.

Sylbenau, der Conrector daselbst III. 86.

Symbolische Bücher, ein Candidat will nicht drauf schwören III. 109, können nicht ohne Irrthum seyn 110.

Systeme, philosophische, ihr Werth A. 22.

T.

Taufe der Kinder, Henriettens Gedanken über dieselbe IV. 166, 173.

Theorien der schönen Wissenschaften, ihr Werth A. 23.

Toback zu rauchen eine schädliche Gewohnheit V. 36, A. 51, 61, soll ein Schild gegen

Register.

Leiden seyn V. 41, Schnupftobak eben so schädlich 42.

Todesstrafen, Wirkung derselben III. 49, Schrecklichkeit einiger 28, 63, 67, verschiedene Arten derselben 60, Mißbrauch derselben in Frankreich VI. 243.

Toleranz ist Schuldigkeit der Fürsten und verdienet kein besonderes Lob VI. 18, schlechte in Frankreich 244.

Transpiration, häufige, ist schädlich IV. 110.

Trauerkleider, Urtheil darüber IV. 5.

Trauungsformular, das gewöhnliche wird beurtheilet V. 281.

Traum, fürchterlicher, des Fürsten von Evilmerodach II. 48, merkwürdiger, von einer bevorstehenden großen Veränderung 206, noch einer von künftiger besserer Erziehung der Kinder in Schulen III. 278.

Trieb der Mädchen zum Manne ist für sie eine Folge von mannichfaltigen Leiden I. 22.

Triftgerechtigkeit verhindert manch Gutes IV. 366.

Troppenheimer Schüler jagen die Hühner in die Schulstube III. 253, tragen einen Mitschüler unter die Plumpe, ebend. legen einem ein todtes Schwein ins Bette 255.

Trost, phantastischer, einer Sterbenden IV. 2, aus der Religion Jesu erregt bey einem Kranken Zweifel V. 84.

Trunk, üble Folgen desselben II. 387-90.

Tumult der Studenten auf der Akademie I. 14.

U. V.

Vaterland, die Beschützung desselben ist selten die Ursache eines Krieges IV. 328.

Vaterfreuden, Mittel dieselben zu erlangen I. 97.

Vene-

Register.

Venerische Krankheiten sind sehr gewöhnlich V. 161, A. 84.

Verbrecher, man sollte erst versuchen, ob sie nicht zu bessern, ehe man sie hinrichtet III. 57.

Verführer der Mädchen, oft nicht gestraft III. 65.

Verläumdungssucht, ihre Ursachen und Häßlichkeit III. 159, 162, ein Zeitvertreib in Gesellschaften 159.

Verschwiegenheit, wie nöthig sie sey III. 164, ist nicht die Sache des Frauenzimmers, warum? 167.

Universitätsjahre sind gefährliche Jahre II. 304.

Universitäten, Unnützlichkeit derselben I. 336, die Schuld liegt nicht an den würdigen Lehrern, sondern an der Einrichtung der Universitäten 340.

Unternehmungen, vereitelte großer Meister, wie sie von kleinen Geistern belächelt werden IV. 104.

Unterricht, im Christenthum, ein höchst kläglicher III. 92, Traum über denselben 278, Unterricht der Jugend, muß von den wirklichen und nächsten Gegenständen anfangen IV. 363.

Unterricht, die Gesundheit zu erhalten, gar nicht oder verkehrt gegeben III. 95.

Volksmenge, in wie weit sie der größte Reichthum eines Fürsten VI. 141.

Vorurtheile (schädliche) warum sie sich Jahrhunderte erhalten IV. 194.

Vulgata, nach derselben muß in der römischen Kirche der Grundtext erklärt werden V. 53.

W.

Register.

W.

Waisenhäuser, schlechte Einrichtung derselben I. 357, Beschaffenheit der Kinder in denselben 366. grausame Zucht daselbst 376, Vorschlag zur Aufhebung derselben 384, haben ein für die Kinder unnützes Naturalien-Cabinet III. 349.

Wall (Anton) sein Dialog, die deutsche Fürstin genannt. I. 273.

Walpurgis (heilige) ihr Bild stellt die Maitresse eines Bischoffs vor V. 336.

Wege zu Professuren III. 140.

Weibliches Geschlecht, ist selten verschwiegen III. 166, ein schwaches Werkzeug IV. 77, seine gute Seite V. 197, die Fehler desselben rühren größtentheils von seiner Erziehung her 198, seine Verschwendung an neue Moden V. 334.

Weibliche Krankheiten, woher viele entstehen III. 259.

Weibespersonen (geschwächte) werden zu hart gestraft I. 209, will oft niemand aufnehmen III. 133.

Weidemannssprache der Gelehrten III. 80.

Wein beym Abendmahle, dazu wird oft schlecht Zeug genommen I. 312.

Wenzel, Feldprediger, seine Unterredung mit dem Fürsten II. 30, seine Predigt über den Anfang des Evangelii Johannis 108, wird Superintend VI. 56, schreibt einen Liebesbrief 267.

Westphälischer Friede, in Absicht auf die Religion VI. 19.

Wilde, die mit den Europäern Umgang halten, sind treulos und boshaft, die andern gefällig und ehrlich V. 113.

Winkeler, reist nach Italien um die Natur zu studieren VI. 256.

Werbungen, Abscheulichkeiten dabey IV. 33.

Wirthshauß, Beschreibung eines höchst elenden IV. 202, 207, in einem derselben bringt der Wirth in einer Hand gebratene Hühner und in der andern ein Blatterkind VI. 155.

Wißnich (Rath) wird wegen seines schwachen Verstandes unbillig ausgelacht VI. 44.

Wollust (körperliche) ihre Quellen und Folgen IV. 247, 252.

Z.

Zeitgenossen (unsere) wagen es, wie verwöhnte Kinder, nicht, sich selbst zu helfen IV. 150, 156.

Zeitungen, ein großer Liebhaber derselben, vergißt darüber seine Amtsgeschäfte VI. 171.

Zellnik Luisens Liebhaber I. 49, 78, sein Gespräch mit Luisen über den Kopfputz 274, bereut seinen Eigensinn wegen des Kopfputzes IV. 180, besucht den Rektor Californius 181, macht Hochzeit VI. 319.

Zenterfeld, daselbst soll ein Mensch gerädert werden, der nur Käse gestohlen III. 31, verschiedenes Betragen der Zuschauer dabey 32.

Zinzendorfianer, siehe Herrnhuter.

Zollikofers, Predigt von der Würde des Menschen IV. 334.

www.ingramcontent.com/pod-product-compliance
Lightning Source LLC
Chambersburg PA
CBHW020231240426
43672CB00006B/486